経営コンサルティング・ノウハウ **5**

マーケティング

改訂版

公益財団法人 **日本生産性本部**
コンサルティング部〔編〕

小倉 高宏〔著〕
KOKURA, Takahiro

中央経済社

シリーズ発刊にあたって

　本シリーズは，人材を育成しながら経営コンサルティングを行う「エデュ
ケーショナル・コンサルティング」を基本コンセプトに出版したものである。
私たち日本生産性本部の経営コンサルタントが，生産性向上のために実践して
いる経営コンサルティング・ノウハウを公開し，経営管理に役立てていただく
ことを目的としている。

　初版は2014年に発刊したが，当時は「生産性向上」は経営課題には挙がって
も，世間一般からの認知はけっして高いものではなかった。それが，日本経済
が30年にもわたって長期に低迷し，少子化・高齢化から生産年齢人口が減少し
続ける中で，その解決の道筋として政府の政策課題に生産性向上が大きく取り
上げられるようになった。

　しかし，生産性向上を効率化と同義ととらえる誤った使い方も散見される。
一般的にいう生産性は投入と産出の比で計算できる。そして生産性を向上する
ためには大別して３つの方法がある。「産出（分子）を一定に保ったまま投入
（分母）を小さくする（効率化）」，「投入（分母）を一定に保ったまま産出（分
子）を大きくする」，「投入（分母）を大きくすることで産出（分子）をさらに
大きくする」を挙げることができる。

$$生産性 = \frac{産出（output）}{投入（input）}$$

　分母を小さくするためには「業務改善」を行って労働時間を減らしたり，従
業員を減らしたりといったこと等で達成できるが，生産性の理念である「人間
尊重」の考え方から後者は排除される。

　では，分子を大きくするためには何が必要なのか。それは「お客様をはじめ
としたステークホルダーの満足度」を上げることや「従業員の能力を高める」
こと等によって達成されることになる。

　組織はゴーイングコンサーンを前提に経営されている。したがって生産性を「持続的に向上させる」ことが最も重要である。そのためには効果的な業務改善を考えることができる従業員が必要となる。従業員が戦略上最大最強の経営資源たる所以はここにある。

　効果的な業務改善を考えるためには組織が日常的に従業員の能力開発を重視し，実践しているかが肝要となる。従業員が能力を高め，その人の仕事が改善されれば大きな達成感を感じるものだ。このことは仕事や組織に対する満足度に大きく影響する。お客様の満足を得るためには従業員が組織や仕事に満足していることが前提になるからである。

　真の生産性向上は，このように分母改善に加えて分子改善が同時になされる状態を目指すものであり，組織も個人もともに成長する状態にすることをいう。

　シリーズ第5巻となる本書は，分子改善に直結するマーケティングがテーマとなっている。マーケティング領域はすでに多くの学術書や実務書が発刊されているが，経営コンサルタントの視点で，日頃から目にする事例にも多く触れながら，企業での活用を重視して執筆した。

　マーケティング戦略の成功ポイントは「全体観」をどうつかむかにかかっている。マーケットで起きているさまざまな個別事象は何を意味しているのか，それをコンセプトに収斂することが重要である。とかく分析のための分析になりがちだが，本書ではコンセプトを創り上げるためのさまざまな考え方，分析ツールを解説している。本書がマーケティング戦略構築における生産性向上へ，お役に立てれば幸いである。

　2024年5月

公益財団法人 日本生産性本部
コンサルティング部長　前田　貴規

改訂にあたって

　消費税が5％から8％へと17年ぶりに消費増税となり，日本に旅行に来た多くの中国人が日本製品を大量に買い求めた「爆買」という現象が起きた2014年に本書の初版が発行された。以降，版を重ね，約10年が経過し改訂版を発行するに至った。日本の高齢化率（65歳以上人口割合）が初めて25％を超えたのが2014年であるが，2023年は29％を超えるなど，マーケットは大きく変化している。

　今回の改訂にあたり，コンサルティング力を高めたい人や，マーケティングの基礎を学びたい人にとって，わかりやすくなるよう内容を加筆した。特に図表のアップデートに加え，仮説構築力を高める「フェルミ推定」と，差別化をイメージしやすい「3つの軸」の内容を加えた。これらの内容は，日本生産性本部の経営コンサルタント養成講座等の講座でも，受講生から評価の高いものである。

　2024年の賃上げ状況は，バブル期の1991年以来33年ぶりに5％を超える結果となっている。一方で，従業員の高齢化や人手不足感は増している。対策を講じるには原資が必要となり，稼ぐ力を高める必要がある。経営課題の難しさは増しているが，応用問題を解くには基本の習得が不可欠である。事業環境が変化するときほど，判断の拠り所が重要となるため，本書の内容がその一助になれば幸いである。

2024年5月

公益財団法人　日本生産性本部

主席経営コンサルタント　小倉　高宏

はじめに

　本書は，市場の分析や経営戦略の構想，マーケティングの立案を行う経営コンサルタントや，組織の企画部門の方々を念頭に置いて書かれている。このため本書では，実際に分析に使用することを前提に，フォーマットやツール，算出方法などにウェイトを置いて解説している。

　第1章「戦局をつかむための環境分析」では，自社の競争環境を見定めるために，「外部環境分析」，「業界環境分析」，「企業の内部分析」の主な手法を示し，これらを総括するために「SWOT分析」について言及している。

　第2章「戦い方を決める〜戦略策定」では，どの市場でどのように戦うかを決めるために，「ドメイン」，「基本戦略」，「競争地位別戦略」，「PLC」，「アンゾフ」，「PPM」，「STP」，「ロジャース普及モデル」，「4P（4C）」について解説している。

　第3章「マーチャンダイジング」では，主に小売店などのケースで用いられる「クロスMD」，「分配率」，「ゾーニング」，「回遊性」，「客動線調査」，「陳列」，「VMD」などの分析手法を扱っている。

　第4章「データで勝負」では，数値化する手法として「ABC分析」，「SKU分析」，「PI値」，「スペース生産性分析」，「競合店調査」，「利用客調査」，「商圏分析」，「通行量調査」，「FSP」，「デシル分析」，「RFM分析」を紹介している。

　第5章「サービス・マーケティングと顧客満足度」では「サービス・マーケティング」，「サービス・プロフィット・チェーン」，「顧客満足の因果」，「クチコミ」，「サービス品質」について，サービス産業生産性協議会（SPRING）の日本版顧客満足度指数（JCSI）の知見も交えて解説している。

　上記のテーマについて解説している学術書や実務書も多いが，本書では実際

に活用する観点で解説や図表を掲出している。読者の方々の分析実務の一助に
なれば幸いである。

　2014年9月

　　　　　　　　　　　　　公益財団法人　日本生産性本部
　　　　　　　　　　　　　主任経営コンサルタント　小倉　高宏

Contents

第1章

環境分析による戦局の見極め
── 市場を俯瞰するための分析フレーム

第2章

戦い方の視える化〜戦略策定
── 戦略セオリーによる優位性確保

第3章

マーチャンダイジング
―― 試合巧者になるための戦術レベルの実行策

第4章

データで勝負
―― 定量的な分析手法

第5章

サービス・マーケティングと顧客満足度
—— 顧客の満足・不満足の原因と結果

環境分析による戦局の見極め

市場を俯瞰するための分析フレーム

1 潮流を読む外部環境分析

要　点 ‥‥‥‥‥‥‥‥‥‥‥‥‥‥‥‥‥‥‥‥‥‥‥‥‥‥‥‥‥‥‥‥‥‥‥‥

☑　企業や事業を客観視するうえで重要なのが外部環境分析。

☑　外部環境分析には「PEST」のフレームが適している。

☑　PEST分析は，まずは拡散，次に収束の手順で行う。

‥‥‥

(1)　外部環境分析を怠ることなかれ

　日々の生活において天気予報は欠かすことのできない情報であり，一個人の活動にさえ「雲行き」，「風向き」が大きく影響する。それでは，企業の活動に影響を与える要因とは何であろうか。主な要因が「外部環境要因」である。

　企業全体や個々の事業の将来性を検討する際，企業内部（組織内）の状況に加え，企業や事業を取り巻く外部環境を頭に入れておく必要がある。なぜなら，企業は真空の中で戦っているのではなく，マクロな外部環境が，自社はもちろん，競合や自社より川上に位置する仕入先，および自社より川下に位置する納品先や顧客といった取引先を含めた，市場全体の変化に広く影響を及ぼすからである。

　しかし現実には，外部環境要因は企業内では軽んじられやすい。なぜなら，組織内で繰り広げられる日々のマネジメントやオペレーションは身近に体感することができ，変化に富んでいるように感じるためである。顧客や上司からさまざまな要求が飛んでくる企業内部においては，いわばミスをしないための「虫めがね」や，転ばないための「懐中電灯」が必要である。

　こうした社内環境にどっぷり浸っている企業に対し，大局的な視座で分析・助言することも，経営コンサルタントの存在意義の1つである。たとえるなら，コンサルタントに求められるのは「双眼鏡」，「望遠鏡」，「サーチライト」である。

　しかし，外部環境とは世の中全般のことであり，実際のところ，焦点を絞りにくい。そこで登場する分析手法が「PEST分析」である。PEST分析とは，数多くの「外部環境要因」のうち，現在および将来に何らかの影響を及ぼす可能性がある要素（出来事，事象，要因）を把握するための分析フレームである。

　PEST分析は，既存事業の未来を占う場合はもちろん，海外展開する際のカントリーリスクを把握する場合にも有効である。

⑵　外部環境分析にはPESTのフレームが便利

　PEST分析とは「P」，「E」，「S」，「T」を頭文字とする網羅的な4つのキーワード（＝チェックリスト）である。覚えやすいのであれば，文字の順番を入れ替え，"S・T・E・P"，"P・E・T・S"などの表記でも構わない。「P・E・S・T」の4つの視点を活用し，プラス要因となる機会（追い風）あるいはマ

図表1－1－1 PEST

PEST	着眼点
Politics （政治・法的 環境要因）	• 法規制（規制の強化，規制の緩和） • 税制 • 裁判制度，判例 • 政府・政治団体・地方自治体の動向
Economy （経済的 環境要因）	• 景気 • 成長率（経済，市場規模） • 金利・為替・株価 • 物価変動（インフレ・デフレ） • 雇用情勢
Social （社会的 環境要因）	• 人口動態（総人口の増減，年齢構成の変化， 　男女比の変化，地域別の人口動態） • 文化・世論・流行・社会的意識の傾向 • 教育水準 • 治安・安全保障 • 宗教・言語 • 自然環境
Technology （技術的 環境要因）	• 技術革新・新技術の動向 • 代替技術の動向 • 特許

イナス要因となる脅威（逆風）を整理し，組織（企業や事業）が置かれている状況を客観的に分析する。

　ところで，外部環境分析で最も重要なことは何であろうか？　それは，些細なことでも見落とさないことである。たくさんの外部環境要因を「P・E・S・T」のどれに分類すべきか判断に困る場合もあるが，正確に分類すること自体は重要ではない。見落とすことなく，「P・E・S・T」のいずれかで拾い上げることが重要である。

(3)　外部環境分析の手順は2つだけ

①　手順1＝まずは「拡散」

「PEST分析」で重要なことは，企業や事業に影響を与える要因（明日のメシのタネ，未来の病気の原因）を見落とさないことである。したがって，これは関係ない「だろう」ではなく，何らかの影響がある「かもしれない」要因を，多面的・長期的に幅広く拾い上げよう。求められるのは「正確性」よりも「網羅性」，「質より量」である。常日頃から，広く社会の事象にアンテナを張っておくことが，PEST分析の精度の向上に有効である。

②　手順2＝次に「収束」

　多面的・長期的に拾い上げた後に，「機会」と「脅威」を分類し，どの要因の影響が大きいかを検討する。しかし，言うは易しである。たとえば，市場が成長する場合，「市場が拡大する」という機会と捉えることもできるし，「市場が拡大することで新規参入が増え，競争が激化する」あるいは「市場が拡大することで，規模の経済が作用し，製品単価が下落する」という脅威と捉えることもできる。

　このような環境要因を取捨選択し，「機会」，「脅威」に分類するために必要とされる能力と，ストーリーを描く力で，個々の事象（点と点）をつないで，ロジック（線）にすることである。「ストーリー性」，「想像性（イメージング力）」，「創造性（アイデア力）」，「論理性」，「説得性」と言い換えてもよい。

なお，PEST分析の書式（フォーマット）については，2で紹介する。

(4) その他の「P・E・S・T」

PESTとは，上述のとおり政治・経済・社会・技術の4つの領域で外部環境を俯瞰することであるが，他にも「P・E・S・T」を頭文字にする言葉で，外部環境分析に適したキーワードが多いことをご存じであろうか。

下記は，政治・経済・社会・技術以外で，「P・E・S・T」で始まる外部環境要因の例である。「Population（人口動態）」，「Employ（雇用情勢・賃金動向）」，「Environment, Ecology（環境・エコ）」，「Education（教育・教養）」，「Energy（エネルギー）」，「Style（生活スタイル）」，「Traffic, Transportation（交通（輸送・物流））」などがPEST分析にフィットしやすい。

図表1－1－2 その他のPEST

	P・E・S・Tで始まるその他の外部環境要因	Politics	Economy	Social	Technology
1	Population（人口動態）			○	
2	Employ（雇用情勢・賃金動向）	○	○	○	
3	Environment, Ecology（環境・エコ）	○	○	○	○
4	Education（教育・教養，リスキリング）		○	○	
5	Energy（エネルギー）	○	○	○	○
6	Style（生活スタイル）			○	
7	Traffic, Transportation（交通（輸送・物流））		○	○	○

　図表１－１－２はこうしたその他のキーワードをグルーピングのしやすさで，政治・経済・社会・技術の領域に整理したものである。繰り返しになるが，キレイに整理・分類することよりも，見落としをなくすことが重要である。モレを減らすためのチェックリストとして，これらのP・E・S・Tにも注目してほしい。

(5)　事　例

①　少子化の日本にキッザニアはなぜ進出？

　世界に30か所以上の施設を展開しているキッザニア（本社：メキシコ）は，1999年と2006年のメキシコ国内の２か所を皮切りに，３番目にオープンしたのが東京（豊洲）である。翌年に４番目のジャカルタが開業し，2009年に５番目の施設として甲子園が開業した。2022年に福岡が開業し，2024年に名古屋に開業する。キッザニアのメインターゲットは就学前から小学生の子供であるため，少子化の日本は市場としてミスマッチなイメージがある。１人の子供につき，父母と父方の祖父母と母方の祖父母の最大６人の保護者も来園する。外部環境要因として少子化は「脅威」に思えるが，幼児１人で来園することはないため，世界トップの高齢化率の日本市場はキッザニアにとって「機会」として位置づけられる。人口動態（少子高齢化）という「社会的要因」がプラス要因かマイナス要因か，市場によって異なるため，見極めが重要である。

②　缶コーヒー市場の縮小要因

　コーヒー全体の市場規模は拡大しているが，缶コーヒー，特にプルタブ缶の市場規模が縮小している。カフェの店舗数増加やコンビニコーヒーの浸透，フタができるボトル缶の台頭といった複合的な理由が考えられるが，缶コーヒーの市場規模の減少に大きな影響を及ぼした出来事は原則屋内禁煙とする2018年の改正健康増進法（受動喫煙対策）ではないかと思われる。缶コーヒーを飲みながら一服できる場所が減少するという法改正の「政治的要因」が缶コーヒー市場の減少に大きな影響を及ぼした可能性がある。一見，無関係にも思える法

律や条例の改正にもアンテナを張っておくことが必要である。

エクササイズ1

　自社を取り巻くさまざまな環境の変化をたくさん挙げてください。目安として，P・E・S・Tそれぞれ10項目，合計40項目を書き出してください。

Politics（政治・法的環境要因）	Economy（経済的環境要因）
①	①
②	②
③	③
④	④
⑤	⑤
⑥	⑥
⑦	⑦
⑧	⑧
⑨	⑨
⑩	⑩
Social（社会的環境要因）	Technology（技術的環境要因）
①	①
②	②
③	③
④	④
⑤	⑤
⑥	⑥
⑦	⑦
⑧	⑧
⑨	⑨
⑩	⑩

2 業界環境分析による勢力分析

(1) 3C分析

① 3C分析とは

　3C分析とは, 自社の経営に影響するさまざまなプレーヤーを大きく3つに絞り, 主要な登場人物の特徴を把握し, 自社にとっての重要成功要因(Key Factor for Success:KFS)を見つけ出すフレームワークである。その3つとは, Customer(顧客), Competitor(ライバル企業), Company(自社)であり, 頭文字である3つの「C」から「3C分析」と呼ばれる。

　分析の優先順位は, 顧客➡競合➡自社で,「三角関係」の構図を示している。つまり, 恋人や求婚相手である「顧客」, ライバルの同性である「競合」, 自分自身に相当する「自社」である。

　前述の「PEST分析」とこの「3C分析」により分析すべき領域をほぼカバーできている。以降解説するさまざまな分析フレームは, この3Cの中のいずれかをより精緻に分析するための手法である。それほど, PEST分析と3C分析の視点は重要だということである。

図表1−2−1 3C

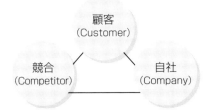

顧客
(Customer)

競合
(Competitor)

自社
(Company)

② 3C分析で分析すべき項目

　3C分析では，Customer（顧客），Competitor（ライバル企業），Company（自社）について，図表1−2−2に記載した項目の分析を行う。これらの項目の特徴や傾向を整理すると，自社と競合，顧客の関係性がかなり把握できる。

図表1−2−2 3C分析項目

顧客分析の視点	☑ 購買人口（消費人口）の規模はどの程度か？ ☑ 市場の成長性は？ 製品ライフ・サイクルのどの位置にあるか？ ☑ 購買決定までの購買プロセスは？ ☑ 購買頻度は？ ☑ 購買の意思決定者は誰か？ ☑ 実際の利用者は誰か？ 利用者と購買者は同じか？ ☑ 購買に影響を及ぼす価格や品質などにおいて，要因は何か？ ☑ 潜在顧客の可能性は？
競合分析の視点	☑ 競合企業の名前は？ 社数は？ ☑ 競合各社の戦略（商品・サービス）の強み／弱みは？ ☑ 競合各社の組織力（経営資源）の強み／弱みは？ ☑ 競合の業績は？（売上高，市場シェア，成長性，収益性，顧客数，店舗数）
自社分析の視点	☑ 自社の業績は？（売上高，市場シェア，成長性，収益性，顧客数，店舗数） ☑ 自社の戦略（商品・サービス）の強み／弱みは？ ☑ 自社の組織力（経営資源）の強み／弱みは？ ☑ 競争優位性のある差別化ポイントは何か？

たとえば，ランドセルの顧客（Customer）分析の場合，消費人口は入学前の児童数である。買い替えないとすれば，ランドセルの購買頻度は1回のみである。購買の意思決定者は複数いる。色の好みは使用する子供にもよるが，最終的に購買するのは祖父母である可能性が高い。

ランドセルと同様に，実際の利用者と購買の意思決定者が異なるのが，子供連れの外食である。子供が行きたがるのは，たとえば回転寿司やハッピーセット欲しさのマクドナルド，あるいはドリンクバーのあるファミリーレストランなどである。

③　3C分析で導くべき内容

3C分析で導くべきは"成功のための鍵となる要因（KFS）"である。勝利のシナリオであり，具体性が求められる。もしも3C分析が単なるメモ用紙であれば，分析ではなく整理にとどまっていることを意味する。敵がどのような状態で，顧客にはどのような特性があり，それに対し自社の現状を認識したうえで，将来の自社が選択すべき活路を導き出さなければならない。

3C分析の定型のフォーマットはないが，フォーマットの形よりも，3つのCを網羅的に分析すること自体が重要である。

④　3C＋1C（4C分析）

持続的な競争優位性を獲得するために，自社単独の経営資源では限りがあるため，企業は選択と集中を図り，必要な経営資源は外部から調達する。たとえば，取引先とのパートナー関係や，アウトソーシングである。平たくいうと「どこと組むか」であり，川上・川下の取引先，外部のアウトソーシング先との協業が重要である。これらの事業パートナーをCooperatorまたはCollaborator（提携先，協力業者）と位置づけ，従来の3C分析に加え，3C＋1Cまたは4Cとして分析するのも良策である。自社単独での競争優位性確保が難しい場合，外部パートナーの協力の有無，あるいはパートナーそのものの見直し・変更のために4Cの視点で分析をする必要がある。

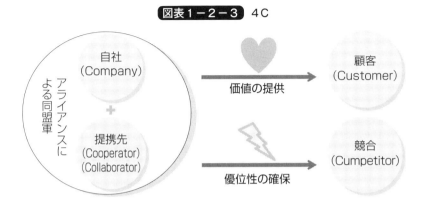

図表1－2－3 4C

(2)　ファイブ・フォース分析

①　5つの競争要因とは

　ファイブ・フォース分析とは，ハーバードビジネススクールの教授Michael E. Porterが提唱した業界構造分析の理論で，別名「ファイブ・フォーシーズ」や「5つの競争要因」とも呼ばれる。その業界はどの程度，魅力があるか，どのステークホルダーの影響に翻弄されるのか，脅威の源泉は何かを分析するフレームである。ポーターは，企業あるいは業界の競争を激化させる構造要因は「新規参入の脅威」，「業界内の競争」，「代替品の脅威」，「売り手の交渉力」，「買い手の交渉力」の5つがあると提唱した。

　前述の3C＋1Cにあてはめると，図表1－2－4における縦のラインの「新

図表1－2－4 5フォース

規参入の脅威」，「業界内の競争」「代替品の脅威」は競合（Competitor）で，左側の「売り手の交渉力」は提携先（Cooperator, Collaborator），右側の「買い手の交渉力」は顧客（Customer）である。

図表1－2－5 5フォースと3C＋1C

競合 (Competitor)	・新規参入の脅威 ・業界内の競争 ・代替品の脅威
提携先 (Cooperator, Collaborator)	・売り手の交渉力
顧客 (Customer)	・買い手の交渉力

　5つの競争要因について，圧力・影響が大きい（競争が激しい）場合の特徴は下記のとおりである。

② **「新規参入の脅威」が強い業界の特徴（＝参入しやすい業界の特徴）**
- 規模の経済性が作用しない。
- 製品差別化が図られていない。
- 大きな資金（初期投資，運転資金，固定費，在庫費用）が不要。
- 経営資源（原料，従業員，運営ノウハウ，金額，時間）の確保が容易。
- 政府の政策，法的規制の影響が小さい。
- 撤退しやすい。
- （例）外食
- （例）ネット通販

③ **「業界内の競争」が激しい業界の特徴**
- 同業者が多い。似たり寄ったりの規模の会社がひしめいている。
- 業界の成長が鈍化している。

- 差別化が難しく，価格勝負になりやすい。
- 撤退しにくい。

（例）スーパーマーケット

（例）家電系（量販店および通販）

④　「買い手の交渉力」が強い業界の特徴

- 購入者が少数である。
- 商品の品質やサービスに，ほとんど差がない。
- 買い替えされやすい（スイッチしやすい）。
- 買い手が十分な知識・情報を持っている。

（例）大手が数社しかないコンビニエンスストアに納品するメーカー

（例）大手が数社しかない家電量販店に納品する電機メーカー

⑤　「売り手の交渉力」が強い業界の特徴

- 少数の供給業者で支配されている（川上が寡占化）。
- 供給業者の商品が高度に差別化されている（代替がきかない）。
- 供給業者（売り手）が，川下統合に乗り出すといった姿勢を示す。

（例）航空業界や新幹線を取引先（売り手）とする旅行業界

⑥　「代替品の脅威」が大きい業界の特徴

- 代替品の種類が多い。
- 代替品の質が高い。
- 代替品のコスト・パフォーマンスがよい。

（例）コンビニエンスストアという代替市場を抱える外食業界

（例）インターネットやSNSという代替市場を抱えるマスコミ業界（新聞・
　　　テレビ・雑誌）

⑦　最も留意すべきは「代替品の脅威」

「業界内の競争」とは，スポーツにたとえるなら同一リーグ（同一種目）内での競争である。この競争は，ライバルが誰であるのかも見えやすく，意識されがちである。その代表的な指標が「占有率（シェア）」である。しかし，問題は「異種格闘技」つまり「代替品の脅威」である。まったく異なる商品・サービスでも，同じ機能・便益を享受できるとなれば，消費者は浮気してしまう。

　自宅でテレビを見ずにタブレットを操作したり，カーステレオを装備せずに音楽をダウンロードした端末とポータブルスピーカーを車に持ち込んだり，旅行に行かずに買ってきた惣菜を自宅で食べながら大画面テレビでレンタルDVDを見て時間を過ごす，などである。

　上述したような代替品によるマーケットの浸食は，最初はボディーブローのようにダメージが見えにくい。業績にじわりと影響し，やがてはっきりと認識できる段階になると，その流れは防ぎようがない。したがってコンサルタントは，長期的に社会の変化の潮流に留意しておかなければならない。だからこそ，冒頭のPEST分析が重要になってくるのである。

(3)　事　例

　居酒屋業界の5フォースを考えてみよう。居酒屋の業界内における競争が激しい。居酒屋を含めた外食産業は新規参入の垣根が低く，居酒屋以外でも飲酒できる代替市場は多い。たとえば，ラーメンチェーンの幸楽苑や，中華料理チェーンのハイディ日高屋は，ちょい呑み需要を取り込んでおり，コスト・パフォーマンスで評価の高いサイゼリヤでも，ワインやビールを注文する客は多い。外食以外では，スーパーやコンビニエンスストアなどの小売店での購入や，宅配による自宅消費（家飲み）も代替品の脅威である。アルコールをコミュニケーションツールだと考えた場合，酒を必要としないSNSなども脅威である。代替品が多いので，買い手の交渉力は強い。これは都度の価格交渉を意味するのではなく，他にスイッチできる居酒屋や飲食店，小売店が多いため，力関係が買い手側にあるという意味である。売り手の交渉力の対象は，アルコールや

食材を扱うメーカーである。小規模の居酒屋では価格交渉（バイイングパワー）
で劣る。大きなロットで発注し，価格交渉などの仕入れ力を高める必要がある。
その他，店舗となる物件を見つけるための，不動産業も売り手である。労働力
の確保も必要であり，労働市場も売り手といえる。賃金水準が低いと従業員が
集まらないため，収益性を高めることが重要である。

エクササイズ2

　自社における5つの競争要因を書き出し，5つの脅威や交渉力の強さを判定
してください。

	要　　因	判　　定
業界内の競争		5．競争が激しい 4．競争はやや激しい 3．どちらともいえない 2．競争はやや緩い 1．競争は緩い
新規参入の脅威		5．参入が激しい 4．参入がやや激しい 3．どちらともいえない 2．参入はやや緩い 1．参入は緩い
代替品の脅威		5．代替品は大きな脅威 4．代替品はやや脅威 3．どちらともいえない 2．代替品の脅威はやや小さい 1．代替品の脅威は小さい
売り手の交渉力		5．売り手の交渉力は強い 4．売り手の交渉力はやや強い 3．どちらともいえない 2．売り手の交渉力はやや弱い 1．売り手の交渉力は弱い

買い手の交渉力		5．買い手の交渉力は強い 4．買い手の交渉力はやや強い 3．どちらともいえない 2．買い手の交渉力はやや弱い 1．買い手の交渉力は弱い

③ 自軍の力量分析（内部分析）

要　点

☑ 企業能力の強み／弱みは，経営機能別に，またはバリューチェーンにより分析する。

☑ コア・コンピタンス分析にはVRIOのフレームを活用する。

⑴　企業能力の強み／弱み

　外部環境分析によるマーケット概観を把握した後に，自社の企業能力の分析を行う。自社の強み／弱みの分析で重要なのは，他社と比べた相対的な「比較感」である。自分の中ではセールスポイントだと思っていても，相手（競合）のほうが優れていれば，相対的に「弱み」となり，自分の中でウィークポイントだと悲観していても，相手（競合）のほうが劣っていれば，相対的な「弱み」にはならない。

　企業の現状を悲観的に捉えるか，楽観的に捉えるかの解釈は紙一重で，「○○を有効活用できていない」と表現すれば「弱み」であるが，「○○を活用できる可能性（余地）が大きい」とすれば「強み」となるため，分析者にストーリー性が求められる。

　強み／弱みの分析の基準（カテゴリー）には大きく2種類ある。第1に経営機能別，第2にフロー別（バリューチェーン別）である。

⑵　経営機能別の分析

　経営機能別とは，ヒト・モノ・カネ・情報の4つの「経営資源」の強み／弱みを判断していく。さらに細分化し，ヒトは「経営者」と「従業員」に，モノは「ハード（店舗・工場）」と「ソフト（商品・サービス）」に，カネは「資金力・収益力」に，情報は「ブランド（知名度）・運営ノウハウ・地域情報・顧客情報」などに分類し，強み／弱みの判定を行う。

エクササイズ3

　自社の経営機能を列挙し，強みと弱みに分類してください。

		強み（Strength）	弱み（Weakness）
ヒト	経営者		
	従業員		
	その他		
モノ	ハード（店舗・工場）		
	ソフト（商品・サービス）		
	その他		
カネ	資金力		
	収益力		
	その他		
情報	ブランド（知名度）		
	運営ノウハウ		
	地域情報		
	顧客情報		
	その他		

⑶ バリューチェーンによる分析

バリューチェーンとは，Michael E. Porterが企業活動を分類したフレームで，「主活動」と「支援活動」に大別される。主活動は購買・物流，製造，出荷・物流，販売，サービスなどに細分化され，支援活動は全般管理，人事労務，技術開発，調達活動などに分けられる。

図表１－３－１ バリューチェーン

全般管理（インフラストラクチャー）				
人事労務管理				
技術開発				
調達活動				
購買・物流	製造	出荷・物流	販売	サービス

支援活動（上部4行）　主活動（下部の行）

このバリューチェーンでフロー別に強み／弱みを分析する際，作業上，記載がしにくい。そこで，表で整理すると記載がしやすく，見やすさも確保できる。図表１－３－２は飲食業と小売業の事例である。

図表１－３－２ バリューチェーン分析

【飲食業の主活動】	強み	弱み	【小売業の主活動】	強み	弱み
メニュー開発（食材の見直し）			商品政策（品揃えの見直し）		
購買（資材・食材）			商談		
物流			発注		
食材管理（温度管理，衛生管理）			物流		
集客（プロモーション）			陳列		
接客案内			価格調整・値決め		
注文			集客（プル型プロモーション）		

調理・盛付け			接客販売（プッシュ型プロモーション）		
料理提供（デリバリー）			レジ（会計）		
レジ（会計）			FSP（フリークエント・ショッパーズ・プログラム）		
清掃・衛生管理			在庫管理・棚卸		

⊎ エクササイズ4

　自社の「支援活動」，「主活動」のバリューチェーンについて，機能の特徴を列挙し，強み／弱みに分類してください。

		機能の特徴	強み	弱み
支援活動	全般管理			
	人事労務			
	技術開発			
	調達活動			
	その他			
主活動	購買・物流			
	製造			
	出荷・物流			
	販売			
	サービス			
	その他			

⑷　コア・コンピタンス分析──VRIO分析

①　コア・コンピタンスとは

コア・コンピタンス（Core Competence）とは，企業の競争力の源泉，創造力の源泉に値する能力のことで，強みの中の強み，あるいは本質的な強みで，ケイパビリティ（Capability）と表現されることもある。コア・コンピタンスは，顧客が実感・体感できる「商品・サービス力」とは限らない。社内の仕組みがコア・コンピタンスという場合もある。

図表１－３－３ コア・コンピタンス

項目	商品・サービス力の強み	コア・コンピタンス （競争力の源泉，仕組み）
ヒト	人材が優秀	人材育成力（社員教育システム）
モノ	品切れがない	物流システム
カネ	安い	商品調達力
情報	店舗の立地がよい	物件情報収集力
サービス	どの店でも安心感がある	多店舗で標準化する力

②　VRIO分析

VRIOとは「ブリオ」と読む。オハイオ州立大学教授 Jay B. Barneyが唱えたResource-Based View（略してRBV）の理論の中の分析フレームがVRIOである。RBVとは，企業が競争優位性を保てるかどうかは，業界構造（例：5フォース）やマーケット内のポジショニング（例：3C）ではなく，企業独自の経営資源やそれを活用できる能力（Capability）の開発次第であるという考えに立脚している。企業の独自能力・経営機能がどの程度強みであるのかを4つの視点で判定し，「競争優位のレベル」を導き出すフレームワークがVRIO分析である。具体的には図表１－３－４の4つの問いから構成される。

図表1－3－4 VRIO分析

V	経済価値（value）に関する問い	その経営資源・機能を持つと市場環境における脅威や競合を無力化することができるか？
R	希少性（rarity）に関する問い	業界内においてその経営資源・機能を保有している企業はごく少数か？
I	模倣困難性（imitability）に関する問い	その経営資源・機能を保有していない企業は，その経営資源を自社保有するために大きなコスト負担（金銭的コスト，時間的コスト）が生じるか？あるいは保有していない現在，コスト面で不利な状態になっているか？
O	組織（organization）に関する問い	その経営資源・機能を有効活用するために組織的な整備がなされているか？属人的ではなく組織力化しているか？

　VRIO分析の判定の対象は，抽象的（大括り）ではなく，バリューチェーンなどの個別の経営機能（要素）に対して行い，どの機能が競争力の源泉になっているか，あるいは，どの機能が競争劣位なのかを特定していく。前述の③(2)経営機能別分析，および(3)バリューチェーン分析では，強み／弱みの2つに分類するが，VRIO分析では，V・R・I・Oの4つの問いを投げかけ「競争優位性の程度」を判定していく。V＝Noであれば「競争劣位」，V＝Yesで，R＝Noなら「競争均衡」，V＝Yes，R＝Yes，I＝Noであれば「一時的競争優位」，V・R・I・OのすべてでYesであれば「持続的競争優位」とする。つまり，ある機能が競合より強みであっても，それが一時的なのか，あるいは持続的なのかという時間軸をとり入れる考え方である。V（value）の問いは「その経営資源・機能を持つと市場環境における脅威や競合を無力化することができるか？」となっているため，競合比較に加え，外部環境（機会・脅威）を勘案した分析が有効である。

図表1−3−5 VRIO分析の判定

Value 経済価値に関する問い	Rarity 希少性に関する問い	Imitability 模倣困難性に関する問い	Organization 組織に関する問い	競争優位の意味
×No				競争劣位
○Yes	×No			競争均衡
○Yes	○Yes	×No		一時的競争優位
○Yes	○Yes	○Yes	○Yes	持続的競争優位

エクササイズ5

　自社の「支援活動」,「主活動」のバリューチェーンについて,機能の特徴を列挙し,VRIO分析を行ってください。

		機能の特徴	V	R	I	O
支援活動	全般管理					
	人事労務					
	技術開発					
	調達活動					
	その他					
主活動	購買					
	製造					
	出荷					
	販売					
	サービス					
	その他					

持続的競争優位の経営機能	
一時的競争優位の経営機能	
競争均衡の経営機能	
競争劣位の経営機能	

4 SWOTで総括する

要 点 ．．

☑ 機会と脅威，強みと弱みの2×2で，自社の内外の環境を整理する。

☑ SWOTは重要成功要因をドリップするために行うのであり，単なる箇条
書きのメモ用紙ではない。

．．

(1)　SWOT分析とは

　目標達成のために意思決定が必要な企業（あるいは個人）に対し，内部環境
の「強み（Strength）」と「弱み（Weakness）」，外部環境の「機会（Opportu-
nities）」と「脅威（Threats）」の4つの要因（2×2）で，事業性を評価す
る分析フレームワークがSWOTで，順番を入れ替え「TOWS」としても構わ
ない。

　機会（追い風）か脅威（向かい風）かの判断には，論理性・説得性・戦略
性・ストーリー性が求められ，その解釈は分析者により異なる。長所か短所か
は，同業他社や代替市場との比較感が分析者に問われ，今は弱みであっても，
異なる市場への参入の機会と捉えれば，弱みが強みに変化することも思案する。

　これまでに登場した環境分析フレームとSWOT分析の関係は，図表1-4
-1のとおりである。一般的に「SWOTに整理しました」という表現があるが，
この表を見ていただくとわかるとおり，SWOT分析をするには，PEST，3C，
ファイブ・フォース，企業能力（経営資源，バリューチェーン，VRIO）の分
析が前段に求められる。つまり，SWOTは環境分析の最終段階である。

　SWOT分析は，単に整理するメモ用紙ではなく，S・W・O・Tの4つの要
因をクロスさせたときにどのようなことが想定されるのかを導き出すもので，
「So，What（だからこうなる）」を示す段階である。もしも「それで，どうし
た？」，「それで仮説や結論は？」と質問されるのであれば，そのレポートはメ

図表1-4-1 環境分析とSWOTの関係

		外部環境分析 (Opportunities and Threats)	内部分析 (Strength and Weakness)
PEST	マクロ環境	○	
3C	顧客・市場	○	
	競合	○	○
	自社		○
5Forces	業界内競争	○	○
	新規参入の脅威	○	
	代替品の脅威	○	
	売り手の交渉力	○	○
	買い手の交渉力	○	○
企業能力	経営資源		○
	バリューチェーン		○
	VRIO		○

モSWOTの域にとどまり「So, What」が不足している状況だといえる。

(2) SWOT分析の記入書式（フォーマット例）

SWOT分析に定型の書式と定められているものはない。ここでは，代表的なフォーマットを4つ紹介する。

① フォーマットA

S・W・O・Tの4つのマトリックスに箇条書きしていく書式である。S・W・O・Tのどれに該当するかをあらかじめ決めてから，書き込む形式である。分類（判定）の難易度が低く，はじめから「これは機会」，「この機能は弱み」と決め打ちできる案件において，活用しやすい書式である。欠点は，作業としての「メモ用紙」で終わってしまいがちな点である。

図表１－４－２ SWOT分析のフォーマットA

Format\<A>	Opportuinities	Threats
外部環境	・@@@ ・＊＊＊ ・％％％	・＆＆＆ ・＄＄＄ ・＃＃＃
	Strength	Weakness
内部環境	・＋＋＋＋ ・○○○○ ・◎◎◎◎	・×××× ・□□□□ ・△△△△

② フォーマットB

　まずは箇条書きを進め，記述後にS・W・O・Tの該当する項目にチェックを入れていく書式である。分類（判定）は後回しでよいので，とにかくモレなく書き出すことに専念できる書式である。また，すべて記述した後に，箇条書きした環境要因および経営機能を俯瞰し，総合的に判定できるという利便性がある。分析者の頭の中で，ロジック（ストーリー性）も組み立てやすい。

図表１－４－３ SWOT分析のフォーマットB

Format\<B>	要因	Opportunities	Threats	Strength	Weakness
外部環境	・@@@@@@	○			
	・＊＊＊＊＊＊	○	×		
	・＋＋＋＋＋＋		×		
内部環境	・＃＃＃＃＃＃			○	
	・％％％％％％			△	
	・＄＄＄＄＄＄				×

③ フォーマットC

　周囲の４マスに箇条書きし，中央に戦略の定石（Theory）を示しておく形式である。この書式の長所は，S・W・O・Tを掛け合わせた４象限の意味（大きな方向性）が示されている点である。機会×強みは積極的に攻勢し，強み×脅威は差別化の促進を，脅威×弱みは専守防衛または撤退，弱み×機会は段階的（部分的）な取組みを推進すべし，となる。

このフォーマットCはフォーマットAの変形版である。フォーマットAの場合，メモ用紙で終わりやすく，分析した気になってしまう。フォーマットCは，抽象的とはいえ4つの大きな方向性を示しているため，手段の目的化をいくぶん，回避することができる。ただし，フォーマットの作成がやや難しく，記入スペースがあまり多くとれない。そこで，フォーマットAまたはBで数多くのSWOTを記載しておき，その中で特に重要な要因を抽出してフォーマットCに記入することを推奨する。

図表1－4－4 SWOT分析のフォーマットC

Format<C>			
×弱み ・＃＃＃＃＃＃ ・＄＄＄＄＄＄ ・＆＆＆＆＆＆ ・％％％％％％	◎機会 ・＠＠＠＠＠＠＠＠ ・＊＊＊＊＊＊＊＊＊ ・＋＋＋＋＋＋＋＋		
	段階的 （部分的）な着手	積極的な攻勢	◎強み ・◎○○○○○○ ・◎○○○○○○ ・□□□□□□ ・△△△△△△
	専守防衛または撤退	差別化の促進	
×脅威 ・AAAAAAAA ・BBBBBBBB			

④　フォーマットD

フォーマットDは周囲の4マスに箇条書きし，中央の4マスに具体的な戦略（施策名）を書き込む形式である。フォーマットCをさらに具現化させた書式であり，今回紹介した書式の中で，分析者に最も構想力が求められるものである。

図表１－４－５ SWOT分析のフォーマットD

Format<D>		外部環境	
		◎機会 • ＃＃＃＃ • ＄＄＄＄ • ＆＆＆＆ • ＄＄＄＄	×脅威 • ％％％％ • ＠＠＠＠ • ＊＊＊＊ • ％％％％
内部環境	◎強み • ○○○○○○ • ◎○○○○○ • □□□□□□ • ＃＃＃＃＃＃	戦略１『　　　　　』 戦略２『　　　　　』	戦略５『　　　　　』 戦略６『　　　　　』
	×弱み • ×××××× • ＆＆＆＆＆＆ • ％％％％％％ • ＆＆＆＆＆＆	戦略３『　　　　　』 戦略４『　　　　　』	戦略７『　　　　　』 戦略８『　　　　　』

∐ エクササイズ6

自社のSWOT分析を行ってください。

×弱み	◎機会		
	段階的（部分的）な着手	積極的な攻勢	◎強み
	専守防衛または撤退	差別化の促進	
×脅威			

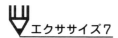
エクササイズ7

SWOT分析の中から，特に重要な要因を抽出し，要因をクロスさせ，戦略を記載してください。

		外部環境	
		◎機会	×脅威
内部環境	◎強み	戦略1 『　　　　　　　　』 戦略2 『　　　　　　　　』	戦略5 『　　　　　　　　』 戦略6 『　　　　　　　　』
	×弱み	戦略3 『　　　　　　　　』 戦略4 『　　　　　　　　』	戦略7 『　　　　　　　　』 戦略8 『　　　　　　　　』

| コラム | 増加するのは75歳以上のみ |

　未来の外部環境要因において，唯一，確かなのは「人口動態」である。明日の株価や為替レートを言い当てることは難しい。技術も日進月歩し未来は不透明である。将来の生活スタイルも法律も変わる。しかし，人口動態だけは，長期予測が可能で，最も信頼性が高い外部環境要因である。

　下の日本の人口動態のグラフは各年齢層の2020年の人口と，2030年・2040年までの予測である。

年代別の人口動態

推計人口	2020年	2030年	2040年	2020年→2030年(10年間)		2020年→2040年(20年間)	
				増減(万人)	増減率	増減(万人)	増減率
0～4歳	475	414	380	▲60	−12.7%	▲95	−20.0%
5～9歳	500	432	399	▲69	−13.7%	▲101	−20.3%
10～14歳	533	475	415	▲58	−10.8%	▲118	−22.1%
15～19歳	565	504	435	▲61	−10.8%	▲129	−22.9%
20～24歳	617	547	489	▲70	−11.3%	▲127	−20.6%
25～34歳	1,271	1,210	1,081	▲61	−4.8%	▲190	−14.9%
35～44歳	1,576	1,267	1,207	▲309	−19.6%	▲369	−23.4%
45～54歳	1,846	1,556	1,253	▲290	−15.7%	▲594	−32.2%
55～64歳	1,532	1,791	1,513	+260	+17.0%	▲19	−1.2%
65～74歳	1,747	1,428	1,681	▲320	−18.3%	▲66	−3.8%
75～84歳	1,252	1,458	1,216	+206	+16.5%	▲36	−2.9%
85歳以上	620	831	1,024	+210	+33.9%	+403	+65.0%
合計(万人)	12,532	11,913	11,092				

推計人口	2020年	2030年	2040年	2020年→2030年(10年間)		2020年→2040年(20年間)	
				増減(万人)	増減率	増減(万人)	増減率
総数	12,532	11,913	11,092	▲620	−4.9%	▲1,441	−11.5%
0～14歳	1,507	1,321	1,194	▲186	−12.4%	▲314	−20.8%
15～64歳	7,406	6,875	5,978	▲530	−7.2%	▲1,428	−19.3%
65～74歳	1,747	1,428	1,681	▲320	−18.3%	▲66	−3.8%
75歳以上	1,872	2,288	2,239	+416	+22.2%	+367	+19.6%

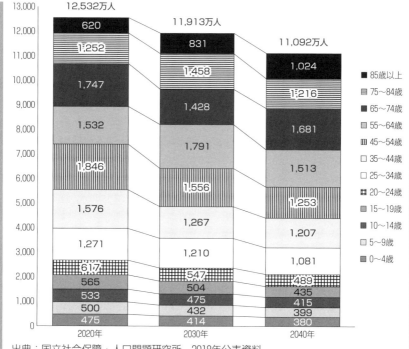

出典：国立社会保障・人口問題研究所　2018年公表資料

　一貫して増加するのが「75歳以上」の人口である。シニア市場は長期的に拡大する。一方，働き盛りの35～54歳は大きく減少する。人手不足でも事業継続が可能な生産性向上策が不可欠である。

戦い方の視える化〜戦略策定

戦略セオリーによる優位性確保

1 ドメインで戦う土俵を定義する

☑ ドメインの3つの軸は「誰に」,「何を」,「どのように」。
☑ 戦略空間の定義であるドメインは「ケンカの土俵」である。

(1) ドメイン

① ドメインとは

ドメイン（Domain）とは企業が事業を展開していく「領域」,「領土」,「範囲」を意味する。企業が長期的に自社の存立を委ね，経営資源を効率的に投入していくべき「市場内の生存領域」で，"事業ドメイン"と呼ぶことが多い。たとえるなら「ケンカの土俵」である。

事業ドメインの視点は，「Who（誰に）」,「What（何を）」,「How（どのように）」の3つで，「Who（誰に）」はターゲットとする顧客層（対象市場），「What（何を）」は提供する機能（本質的なニーズ，中核ベネフィット），「How（どのように）」は企業の独自能力（強み，技術力）のことである。

図表2－1－1 ドメイン

Who（誰に）	顧客層（対象市場）
What（何を）	機能（本質的なニーズ，中核ベネフィット）
How（どのように）	独自能力（強み，技術力）

「わが社は，この方向に向かって進んでいく」という大きな方向性を示すために,「ドメイン戦略」という表現で使われることも多い。

② ドメイン定義のメリット

ドメイン定義のメリットは3つあり，第1に「注力すべき事象の明確化」で

ある。企業で働く従業員に，自分たちが注力すべき領域はどこであるかを明確
にすることができる。もしも，ドメインが定義されていなければ，軸がなく，
従業員の間で方向性の認識がばらばらになる。したがってドメインは限定的に
なりすぎず，将来に向けてある程度の広がりがあったほうがよい。

　第2に「将来に向けた経営資源の蓄積」である。持続的競争優位となる技術
力，組織的能力といった経営資源を獲得するには長期の時間を要する。このた
め，戦略領域が明確化されていれば，計画的に技術やスキルを蓄積していくこ
とが可能になる。したがって，自社の強み（特徴・技術，ノウハウ，組織文
化）などの経営資源を生かすものでなければならない。

　第3に「会社としてのアイデンティティの確立」である。社内の人々がドメ
インを自社のアイデンティティとして共感できれば，従業員のコミットメント
や一体感，モチベーションを生み出すことが可能になる。したがって，わかり
やすく，共感できる表現も重要である（ドメイン・コンセンサスと呼ばれる）。

③　ドメインの機能的定義

　ドメインは，モノとしての物理的な定義ではなく，コトとしての機能，便益
に定義すべきである。なぜなら，技術力の盛衰（寿命）により，モノは新陳代
謝が進むためである。モノとしての製品に対して愛着や固執が生まれると，環
境への変化に対応した動きがとりにくくなる。最悪の場合，モノに固執した企
業は衰退する製品や事業と心中してしまう。

　有名なのが，「マーケティング近視眼」（レビット著，1960）という論文であ
る。その内容は，アメリカの鉄道会社が凋落したのは，市場が衰退したからで
はないというものである。鉄道会社が自らを輸送事業ではなく，鉄道事業と定
義したことにより，顧客を他に追いやることとなった。鉄道は物理的な定義で，
輸送は機能的な定義である。物理的定義は領域や範囲が狭い「近視眼的」であ
り，変化の方向性や発展の道筋を示すことが困難になると記載されている。

(2) 事　例

　KONAMI（コナミ）といえば，ゲームやカード，コナミスポーツが経営するフィットネスクラブが有名である。コナミ株式会社は「コナミグループブランド」として，「『時間消費』から『価値ある時間』の創造へ」を掲げている。つまりコナミは，自社をゲームなどの最終製品ではなく，『価値ある時間』を提供する企業と定義している。こうしたドメインの物理的定義（製品による定義）と機能的定義（顧客ニーズ＆市場志向）の対比事例を図表２－１－２に記しておく。参考にしてほしい。

図表２－１－２ 物理的定義と機能的定義

	物理的定義 （製品による定義）	機能的定義 （顧客ニーズ＆市場志向）
鉄道	鉄道を運営する	人と物資を運ぶ
工具メーカー	４分の１インチのドリル	４分の１インチの穴
映画会社	映画を制作する	娯楽を提供する
石油会社	ガソリンを売る	エネルギーを供給する
製薬会社	薬を製造・販売する	人々の苦痛を和らげる
情報機器（オフィス）	コンピューターを売る	問題の解決に貢献する
ゲーム会社	ゲーム機器の製造	ゲームの楽しさの提供
エアコンメーカー	エアコン・暖房設備を売る	空調システムの供給
テーマパーク・遊園地	テーマパークの経営	ファンタジー・エンターテインメントの提供

エクササイズ1

自社の商品・サービスを列挙し，本質的な機能を定義してください。

自社の商品・サービスの物理的定義	機能的定義（顧客ニーズ＆市場志向）
①	
②	
③	
④	
⑤	

② 基本戦略の３つの型

要　点

☑ 戦略の基本は「コスト優位（コスト・リーダーシップ）」，「際立つ特徴（差別化戦略）」，「一点突破（集中戦略）」である。

(1)　３つの基本戦略とは

　「３つの基本戦略」とは「競争戦略」ともいわれ，Michael E. Porterが提唱した戦略理論である。「コスト・リーダーシップ」，「差別化」，「集中化」の３つの戦略のなかから，企業はいずれか１つを選択しなければならず，複数を採択することはできないとしている。Porterは「Stuck in the middleになってはいけない」と著書で述べている。「スタック・イン・ザ・ミドル」とは，コスト・リーダーシップと差別化戦略を同時に追い求めて，どっちつかずになって

いる状況で，要するに"中途半端"である。二兎を追う企業は往々にして業績の低迷に苦しめられる。前述のドメインに照らすと，方向性がバラバラなのである。

(2) コスト・リーダーシップ戦略

　コスト・リーダーシップとは，広い市場をターゲットとしながら，競合他社より少しでも安いコストでサービスを提供することである。一過性の安売りではなく，値下げ原資を確保するために，損益分岐点の低い持続的な経営の仕組みが必要となる。最終的な売価が安いかどうかではなく，低コストでの企業経営（事業運営）ができることが，すなわちコスト・リーダーシップである。

　比較的，市場に長く存続している大企業では，多くの建物や従業員を抱え，さまざまな処遇制度（福利厚生や退職金など）を運用している。そのようなコスト高になった企業が，自らコスト・リーダーシップ戦略をとるのは実際のところ難しい。このため，固定費の大きな親会社が，低コストの別会社を設立することが多い。大手航空会社と傘下のLCC（Low Cost Carrier）の関係がその典型である。

(3) 際立つ特徴の「差別化戦略」

　差別化戦略とは，広い市場をターゲットとしながら，過当な価格競争に巻き込まれない魅力あるサービスを提供することである。価格は高いが，顧客が認める差異（高付加価値な特異性）が必要になる。「差別化」を口にしながら，価格競争に追い込まれている企業があれば，差別化が機能していないということである。つまり，顧客にとって意味のある差別化ではなく，差別化すべきポイントがずれているか，過剰品質（オーバースペック）の可能性もある。

(4) 一点突破の「集中戦略」

　集中戦略とは，狭い市場をターゲットとしながら，「顧客層」，「商品の種類」，「地域」などのセグメント（切り口）を明確にし，特定のサービス提供に焦点

化する戦略である。やることを決めるためには，やらないことを決めることが
必要である。集中戦略には低コスト化に焦点化するコスト集中戦略と，差別化
に焦点化する差別化集中戦略の2つがある。

図表2－2－1　3つの基本戦略

		競争優位のタイプ	
		他社よりも低いコスト	顧客が認める特異性
戦略ターゲットの幅	広いターゲット〈業界全体〉	**コスト・リーダーシップ戦略**	**差別化戦略**
		業界全体の広い市場をターゲットとし，他社が追随できない低いコストで競争に勝つ戦略	商品・サービス・流通などにおいて，他社とは異なる価値を顧客が認め，競争に勝つ戦略
	狭いターゲット〈特定の市場〉	**集中戦略**	
		特定の市場にターゲットを絞り，ヒト・モノ・カネ・情報の経営資源を集中的に投下することで競争に勝つ戦略	
		コスト集中戦略	**差別化集中戦略**
		特定の市場において，コストで優位に立って勝つ戦略	特定の市場において，差別化で優位に立って勝つ戦略

(5)　事　例

　アパレルの場合，ユニクロはコスト・リーダーシップで，百貨店で扱われて
いるオンワードやワールドの傘下のブランドは差別化である。靴下を扱う
Tabio（タビオ）は靴下市場に集中特化している。白物家電メーカーの場合，
Haier（ハイアール）はコスト・リーダーシップであるが，明確な差別化企業
は見当たらない。エアコンに特化したダイキンは集中戦略である。レストラン
の場合，サイゼリヤはコスト・リーダーシップ，ロイヤルホストは差別化，街
の個人経営のレストランは集中戦略である。

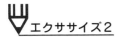
エクササイズ2

　自社および競合を3つの基本戦略に分類してください。

基本戦略	自社および競合の企業名
コスト・リーダーシップ	
差別化	
集中化	

③ 競争地位別戦略とは"番付"をわきまえた戦い方である

要　点 ……………………………………………………………

☑　市場の競争地位は「リーダー」,「チャレンジャー」,「ニッチャー」,「フォロワー」の4つである。

……………………………………………………………

⑴ 競争の地位は4つある

　戦略を策定するうえで,業界（市場）における自社の競争地位を認識しておくことは重要である。Philip Kotler（ノースウェスタン大学ケロッグ・スクール教授）によると企業の競争地位は「リーダー（Leader）」,「チャレンジャー（Challenger）」,「ニッチャー（Nicher）」,「フォロワー（Follower）」の4つに分類できる。

⑵ リーダー（Leader）

　リーダーは,業界（市場）のトップシェアを誇り,強力な販売力（プロモーション）と商品力（プロダクト）を持っている。リーダーの戦略の定石は模倣（同質化）である。自動車業界ではトヨタ,総合家電メーカーではパナソニックである。

⑶ チャレンジャー（Challenger）

　チャレンジャーはリーダーに次ぐシェアを有し,リーダーに攻撃的・挑戦的で,リーダーとの明確な差別化が必要である。自動車業界ではニッサンやホン

ダ，総合家電メーカーではSONYが挙げられる。

⑷　ニッチャー（Nicher）

　ニッチャーは，リーダーやチャレンジャーが本気で参入してこないニッチな
セグメントに経営資源を集中化する。ニッチとは「隙間」を意味し，その市場
ではリーダーでもある。自動車業界では軽自動車のスズキ，家電メーカーでは
体重計などを生産しているタニタ，温水洗浄便座のTOTOが挙げられる。

⑸　フォロワー（Follower）

　フォロワーは，リーダーやチャレンジャーの模倣により，需要（利益）の取
りこぼしを狙う。業界の風向き（トレンド）に目を向けつつ，自社の経営規模
（体力）をわきまえながら，残存者利益を獲得する。自動車業界ではマツダ，
家電メーカーではハイアールや船井電機が挙げられる。

図表2−3−1　4つの競争地位とその特徴

番　付	プレーヤーの特徴
リーダー	・業界（市場）のトップシェア ・強力な販売力，商品力を持っている ・戦略の定石は模倣（同質化）
チャレンジャー	・リーダーに次ぐシェア ・リーダーに攻撃的・挑戦的 ・リーダーとの明確な差別化が必要
ニッチャー	・リーダーやチャレンジャーが本気で参入してこないニッチなセグメントに経営資源を集中化する
フォロワー	・リーダーやチャレンジャーの模倣により，需要（利益）の取りこぼしを狙う

相対的経営資源			経営資源の量	
			セールスマン人数，営業店舗数，資金力	
			大	小
経営資源の質 （独自性）	マーケティング力， ブランド力，技術力	高	リーダー	ニッチャー
		低	チャレンジャー	フォロワー

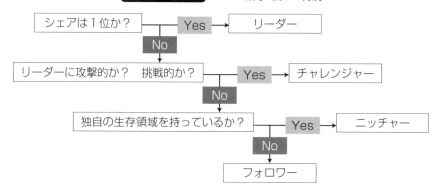

図表２−３−２ ４つの競争地位の判別

(6) 事 例

　緑茶市場の場合，リーダーは「おーいお茶」の伊藤園，チャレンジャーは「伊右衛門」のサントリー，フォロワーはその他多くの飲料メーカーである。ニッチャーは，「ヘルシア緑茶」の花王である。家電小売業の場合，リーダーはヤマダ電機，チャレンジャーはビックカメラやエディオン，フォロワーは中堅の家電小売企業である。ニッチャーは小商圏を対象とするパナソニックの系列の個人経営の家電店，音響機器専門店や照明器具専門店などである。

エクササイズ３

自社および競合を４つの競争地位に分類してください。

競争地位	自社および競合の企業名
リーダー	
チャレンジャー	
フォロワー	
ニッチャー	

4 プロダクト・ライフ・サイクルによる 寿命を考慮した戦略策定

要　点 ··

☑ プロダクト・ライフ・サイクルには「導入期」,「成長期」,「成熟期」,「衰退期」の4つがあり，ステージにより戦い方が変わる。

☑ 自社製品のライフ・サイクルではなく，市場全体のライフ・サイクルを考えなければならない。

··

(1) プロダクト・ライフ・サイクルとは

　商品や販売形態（＝業態フォーマット）など，ビジネスには寿命があり，店舗立地はもちろん，地域や国家などの地理的なビジネス環境によっても，時代とともにその成長のカーブは変化する。マーケティング戦略論で，この成長曲線（＝寿命）のことをプロダクト・ライフ・サイクル（PLC：Product Life Cycle）と呼ぶ。このPLCの概念は極めて重要である。

　三枝匡氏はその著書『戦略プロフェッショナル』（ダイヤモンド社，2013年）の中で「PLCがなぜ重要かといえば，事業や商品・サービスが，PLCの段階を進むにつれて，市場での競争の形態が変化していき，競合に打ち勝つカギも移行していくからである。課題となる事業がPLCの曲線のどの段階に位置しているのかを頭の中に描く。その企業や店舗の売上の曲線を考えてはいけない。世の中の市場全体（業態，立地）のPLCの曲線のことである」と表現している。

　つまり，企業単体の事業や商品・サービスのライフ・ステージではなく，業界全体や業態そのもののライフ・ステージを考えるのである。PLCのどの段階に位置するかという仮説を持つには，PEST分析による多面的な分析や，ファイブ・フォースによる業界構造の分析などの俯瞰的な分析フレームが必要になる。

⑵　プロダクト・ライフ・サイクルの４つのライフ・ステージ

PLCには，「導入期（Introduction）」，「成長期（Growth）」，「成熟期（Maturity）」，「衰退期（Decline）」の４つの段階がある。

①　導入期

導入期のKFS（重要成功要因）は，商品・サービスの内容（品質）の優位性である。商品・サービスの信頼感が確立されていない段階でコスト・パフォーマンスを強調しても，その効果には限りがある。

②　成長期

成長期に入るとさまざまな商品・サービスが市場投入されるが，類似の商品・サービスも多く，徐々に営業体制やアフターサービス網などのKFSへと移行していく。

③　成熟期

成熟期はずばり価格差の戦いである。売価を下げるには原価を下げる必要があり，つまりマーケット・シェア（販売量）がKFSとなる。

④　衰退期

衰退期では需要が縮小するなか，事業の整理・縮小が本筋となる。あるいはこのPLCをもう一度，成長期へとギアチェンジする策の抜本的な検討も必要である。近年では，ハイボールがその再成長の好事例である。

図表2-4-1 プロダクト・ライフ・サイクル

	Introduction 導入期	Growth 成長期	Maturity 成熟期	Decline 衰退期
プロダクト・ライフ・ サイクル	Sales 売上		Profit 利益	
市場成長率	高い	高い	低い	低い
資金需要	多い	多い	少ない	少ない
マーケティング戦略	市場規模の拡大	市場規模の拡大	シェアの維持	生存（存続）
マーケティング・ミックス4P / 商品・サービス	商品開発	取扱いアイテムの増加	地位別に異なる	整理・縮小
マーケティング・ミックス4P / 価格	高い	低価格化	地位別に異なる	整理・縮小
マーケティング・ミックス4P / 販売チャネル	限定	拡大	地位別に異なる	整理・縮小
マーケティング・ミックス4P / プロモーション	認知度向上	特徴を強調	地位別に異なる	整理・縮小

(3) 事　例

　インターネットやスマートフォン市場を起点に考えるとPLCはイメージしやすい。アマゾンに代表されるようにインターネットでの書籍通販が成長し，街の書店は減少が著しい。オンライン上のコンテンツが増えたために，成長著しかった任天堂に代表される据え置き型のゲーム機市場が，一転して衰退期に入っている。携帯電話やインターネットが普及したため，据え置き型の固定電話やFAXの需要は減少し続けている。iPadなどのタブレットが急速に成長し，成熟機にあったノートパソコン市場の需要を奪ったが，スマートフォンの画面サイズが大型化し，タブレット市場は成熟市場となっている。

5 アンゾフの成長マトリックスによる次の一手の考え方

要 点 ....

☑ アンゾフの成長マトリックスとは，ターゲット市場（Who）での既存と
新規，商品・サービス（What）での既存と新規の，2×2の4象限にお
いて，次の重点市場を見極める手法である。

....

(1) アンゾフの成長マトリックスとは

アンゾフの成長マトリックスとは，別名「成長ベクトル」，「4つの成長戦
略」と呼ばれる。ターゲット市場が既存か新規か，投入する商品・サービスが
既存か新規かを2×2で掛け合わせ，「市場浸透戦略」，「新製品開発戦略」，
「新市場開発戦略」，「多角化」の4つのマトリックスで次の一手を考える戦略
フレームである。

図表2－5－1 アンゾフの成長マトリックス

		商品・サービス	
		既存	新規
市場	既存	① ［市場浸透］ 既存事業の普及・浸透を さらに強化する	③ ［新製品開発］ 市場によりマッチした 商品・サービスの開発
	新規	② ［新市場開発］ エリア拡大などによる 販売機会の拡大	④ ［多角化］ 新市場に新商品。 リスクは高い

① 市場浸透（既存の商品・サービス×既存の市場）

市場浸透戦略とは，とにかく現在の市場シェアを高める戦略である。シェア
を高めることで収益性を高め，事業を安定化させる。市場浸透戦略が奏功する
ためには，継続して指名買いしてくれる顧客を増やさなければならない。その

ためには，リピート利用の増加，自社へのロイヤルティの向上（＝利用単価の向上）を促す施策が重要になる。

②　新市場開発（既存の商品・サービス×新規の市場）

既存の商品・サービスを新しい顧客セグメントに拡販する戦略である。販売機会（利用機会）を拡大するために，新たな利用者層を獲得することを狙いとする。市場開発は3W1Hで考えるとわかりやすい。

Where

既存の商品・サービスを新たなエリア（Where）に展開する場合，国内の未進出エリアに出店したり，あるいは海外展開もこのマトリックスに入る。

When

既存の商品・サービスを新たな時期（When）に展開する場合，営業時間や営業日数の拡大，あるいは夜に利用されやすい商材の朝利用を訴求したり，冬に需要の多い商材の夏利用を提案したりすることが該当する。

Who

既存の商品・サービスを新たな顧客（Who）に展開する場合，個人需要（BtoC）がメインの商品・サービスを法人（BtoB）向けに展開したり，男性ユーザー比率の高い市場において女性ユーザーを獲得したり，若者向けの商品・サービスをシニア向けに提案したりすることが該当する。

How

既存の商品・サービスを新たな方法（How）で展開する場合，店頭販売中心の企業が通信販売を強化したり，持ち帰り（例：中食）を強化したり，大ロットで発売していた商品を小ロット（ばら売り）で発売したり，一等地で提供していた高級フレンチを立ち飲みで提供したりすることなどが該当する。

③　新商品開発（新規の商品・サービス×既存の市場）

現在の顧客セグメントに対し，新しい商品・サービスを販売する戦略である。販路も顧客も同じ。従来と異なるニーズに対する商品・サービスを加えること

で，新たな需要を喚起することが狙いで，多くの製造業における新商品開発は，このマトリックスに該当する。

　サービス業でも，たとえば外食で「○○はじめました」という訴求方法で新しいメニューを加えた事例が該当する。既存市場に新商品・サービスを投入してきた最たる例は，コンビニエンスストアであろう。もともとミニスーパー的な小売から始まったが，料金収納代行，宅配便の集荷・受取り，チケット販売，デリカ（惣菜），いれたてコーヒーから，商品配達サービスなど，新たな需要を拡大している。コンビニエンスストアの事業展開から学ぶことは，新たなサービスを取り入れることで新たな顧客層を獲得していることと，量販店や外食などの異なる業態（代替市場）の需要を侵食していることである。

④　多角化（新規の商品・サービス×新規の市場）

　新しい顧客セグメントに対し，新しい商品・サービスを販売する戦略である。自社がこれまでに蓄積してきた経営資源を有効活用できるかどうかがポイントである。言い換えると，既存事業との「シナジー（相乗効果）」があるかどうかが問われる。

　多角化は，必ずしも自社ですべてを実施する必要はなく，シナジー効果の高いパートナー企業との提携・アウトソーシング・M&Aなどの対応が考えられる。多角化には「水平型多角化」，「垂直型多角化」，「集中型多角化」，「コング

図表２－５－２　外食産業における多角化例

水平型多角化 （近い分野での事業拡大）	・焼き立てベーカリーがカフェに進出する。 ・カフェが居酒屋（Bar）を出店する。
垂直型多角化	・卸売（商社）であったコーヒー豆の輸入業者がカフェ（外食）に進出する。
集中型多角化	・焼き立てベーカリーがサンドイッチ専門店をエキナカに展開する。
コングロマリット型多角化	・焼き立てベーカリーが，コンビニエンスストアの経営や自動車販売に乗り出すなど，まったく新しい事業領域に進出する。

ロマリット型多角化」の４タイプがある。図表２－５－２は外食産業の多角化の例である。

⑵　事　例

　日本に宅配便の物流市場を築いたヤマト運輸を例にとると，市場浸透は「宅急便」で，新規市場開拓は海外展開である。既存市場への新サービス投入策は，今や誰もが知る「クール宅急便」や「スキー宅急便」などである。近い分野での水平型多角化は「引っ越し」，垂直型多角化としては，サード・パーティー・ロジスティクス（３PL）と呼ばれる，在庫や受発注も請け負う物流業務の代行ビジネスである。

　日本に警備市場を築いたセコムの場合，市場浸透は法人の警備業務で，新規市場開拓は国内の個人宅のホームセキュリティや海外展開，既存市場への新サービス投入では浄水器の設置・メンテナンス，多角化では介護事業などが挙げられる。

エクササイズ４

　アンゾフのマトリックスを活用し，自社の商品・サービスの次の一手を考察してください。

		商品・サービス	
		既　存	新　規
市場	既存	既存事業の普及・浸透の強化案	既存市場に投入する 新たな商品・サービス案
	新規	新たな市場への進出案	多角化

6 プロダクト・ポートフォリオ・マネジメントによる新旧事業の組み合わせ

要 点 ....

☑ プロダクト・ポートフォリオ・マネジメントは，市場成長率の高低と，自社のシェアの大小により，金のなる木（Cash Cow），花形（Star），問題児（Question），負け犬（Dog）の4つに事業を分類する技法である。

☑ 複数の事業を抱えている企業にとっての「事業のうまみ」をレーティングする手法である。

....

(1) プロダクト・ポートフォリオ・マネジメントとは

　プロダクト・ポートフォリオ・マネジメント（PPM：Products Portfolio Management）とは，成長率とマーケット・シェアの2軸で分類し，その事業の果たす役割や位置づけを示す技法である。分類すべき対象は，企業単位ではなく事業や製品で，事業や製品ごとに「円」で描く。円の大きさは売上規模である。成長率とは，参入している市場全体の成長率である。マーケット・シェアとは，シェア1位企業の市場占有率を「1.0」とした場合の，自社の指数である。相対的市場占有率（相対的マーケット・シェア）と表現することが多い。自社がシェア1位で30％，2位が15％であれば，自社の相対的マーケット・シェアは「2.0」である。自社のシェアが15％で，シェア1位企業が30％であれば，自社の相対的マーケット・シェアは「0.5」である。

　その事業の成長曲線（＝プロダクト・ライフ・サイクル）の定量化情報と，市場地位（リーダーか否か）のマトリックスとも言い換えられるPPMは金のなる木（Cash Cow），花形（Star），問題児（Question），負け犬（Dog）の4種類に分類する。自社のその事業が市場シェア1位であると，金のなる木，花形になり，2位以下の場合，問題児，負け犬になる。市場成長率が高いと花形と問題児になり，市場成長率が低い，あるいはマイナスの場合は，金のなる木

と負け犬に分類される。PPMの市場成長率が高いということは，製造部門や販売部門へのさらなる設備投資や販売促進費が必要で，多くの資金需要を要する。

　株式への投資でいうと，金のなる木は株価の上昇はないが安定的に配当が入り，花形は株価が上昇を続けつつ配当が入る。問題児は株価上昇を続けているが配当は期待できず，負け犬にいたっては株価が上昇せず配当も期待できない銘柄ということになる。

図表2−6−1 PPMのポイント

	市場成長率	相対マーケット・シェア	特　徴
Star（花形）	高い	高い（1.0以上）	「花形」の事業は大きな利益が得られると同時に，成長のための継続的な投資が必要。その結果，大きなキャッシュフローは望めない。投資を続け，最終的に「金のなる木」に育てることが企業の目標になる。
Cash Cow（金のなる木）	低い	高い（1.0以上）	「金のなる木」の事業は，市場成長は期待できない。新規投資を抑制し，キャッシュを回収するフェーズの事業である。「金のなる木」で回収したキャッシュで，他の事業を育成する。
Question（問題児）	高い	低い（1.0以下）	「問題児」に位置する事業は，早期に集中投資し，シェアを拡大し，「花形」に育成する必要がある。「花形」にならないまま市場成長が鈍化すると，最終的に「負け犬」になり，撤退しなければならなくなる。
Dog（負け犬）	低い	低い（1.0以下）	「負け犬」に位置する事業は，撤退や売却などの判断が必要になるお荷物事業。早い見切りが必要。

(2)　プロダクト・ポートフォリオ・マネジメントの活用目的

　PPMの活用目的は，複数の事業の優先順位づけ，選別にある。「負け犬」事業について，今後の打開策が見出せない場合，損切り，つまり撤退が定石とな

る。特に祖業は聖域化しやすく，誰もが撤退を言い出しにくい。本来は経営トップが判断すべきであるが，決断できずにジリジリと時間が過ぎる場合にPPMによる図解化は有効である。新旧の事業ポートフォリオを，企業全体としてどうマネジメントしていくのか，長期的に見極めなければならない。

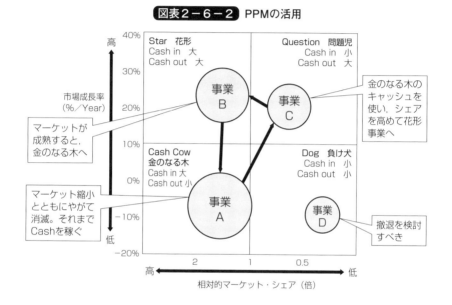

図表2－6－2 PPMの活用

(3) **事 例**

　読者の皆さんは，PPMをうまく活用している業界，あるいは企業としてどのようなものを思い浮かべるであろうか。トヨタなどの自動車会社の車のラインナップ，キヤノンの歴史におけるカメラ，コピー機，プリンターなどの製品構成，富士フイルムにおけるカメラ，フィルム，医療機器，化粧品などの事業構成，P&Gの化粧品，紙おむつ，消臭剤，ペットフード等の展開などであろうか。

　PPMを極めてうまく活用しているのがエンタメ・コンテンツ業界で，タレントやアニメ，ミュージシャンなどをマネジメントしている。金のなる木は，

誰もが知っていて，その名前だけで集客やウェブアクセスの誘引力があり，「推し活」としての地位を獲得している。金のなる木のコンテンツは，いま以上に劇的な人気上昇は難しいが，知名度の高さが長期的に強みになる。花形は積極的に売出し中で人気も上昇中。問題児は積極的に売出し中だがファン層獲得途上。負け犬はプロモーションも注力せず，人気もいまいち。読者の注目するエンタメ・コンテンツ業界を「PPM」として着目してみてほしい。

7 STPによる標的（まと）の明確化

要　点・・

☑ セグメンテーションで市場を細分化し，ターゲティングで標的市場を決定する。その市場で競争優位となるよう，ポジショニングにより戦い方を決める。

・・

(1)　マーケティング戦略立案におけるSTPの位置づけ

これまで解説してきた戦略・マーケティングのフレームによる思考・分析の順序を整理すると，環境分析➡全社戦略➡事業戦略➡セグメンテーション➡ターゲティング➡ポジショニング➡マーケティング・ミックスとなる。ここではセグメンテーション，ターゲティング，ポジショニングの内容を確認する。

---

① **環境分析**

外部環境・内部環境を俯瞰的・多面的に分析し，自社の強みが活かせる市場機会を発見する。

② **全社戦略**

ドメイン，アンゾフ，PPM。

③ **事業戦略**

競争戦略，アンゾフ，地位別戦略。

④ **セグメンテーション**

潜在顧客のニーズや顧客属性を細かく分類する（＝市場細分化）。こうして細分化された小さな潜在顧客グループを「セグメント」と呼ぶ。

⑤ **ターゲティング**

セグメントの中で，自社の強みが特に有効に働きそうなセグメントを絞り込む（市場絞り込み）。

⑥ **ポジショニング**

ターゲットとなるセグメント顧客が，自社の商品・サービスの価値を認識するよう，商品・サービスが有する機能（便益）を比較検討する。

⑦ **マーケティング・ミックス**

ターゲットとなるセグメント顧客に，商品・サービスの価値が伝わるよう，マーケティングの施策を立案し，実行する（4P or 4C）。

⑵ **セグメンテーション**

　マーケット・セグメンテーション（市場細分化）を進めるうえで主要な基準は「ヒトで分ける」，「エリアで分ける」，「感性で分ける」，「行動で分ける」の4種類である。なお「セグメント」には「断片」，「切片」という意味がある。ジグソーパズルの「ピース」のイメージである。

図表2−7−1 セグメンテーションのイメージ

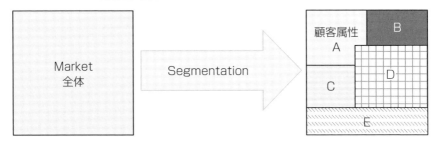

① **ヒトで分ける**

人口統計的（Demographic）な区分である。具体的には，年齢（年代）・性別・職業・収入・家族構成（人数）・学歴・人種・宗教などである。

② **エリアで分ける**

地理的（Geographical）な区分である。具体的には，国・地方・都市規模（人口の多さ，人口密度，都市機能の有無）・気候（気温・湿度の高低，雨量の多少）などである。

③ **感性で分ける**

心理的（Psychological）な区分である。具体的には性格の特徴，ライフスタイルの傾向，趣味・嗜好などである。

④ **行動で分ける**

行動的（Active）な区分である。生活的な行動は③感性（心理的）での区分に含まれるので，④では主に消費者としての購買や販促に対する行動に重きを置くとよい。具体的には購買の頻度，広告への反応度，価格選好性（価格に敏感かどうか），追求便益（何が重要か，優先度の高い項目は何か）などである。[8]で後述する「ロジャースの普及モデル」の正規分布を活用することも可能である。

追求便益の優先順位づけのフレームにQCDがある。QはQualityであり，品

質が良いか，性能が安定しているかである。CはCostであり，安価か，品質に見合った値ごろ感はあるか，時間的コストである手間ひまがかからないかである。DはDeliveryであり，スピーディか，あるいは速さよりも，時間が正確で安心感があるかである。QCDの前にPを加え，PQCDとする場合もある。Pは生産性を表すProductivity，あるいはQのQualityに対比し，量が多いという意味でProductとする場合もある。

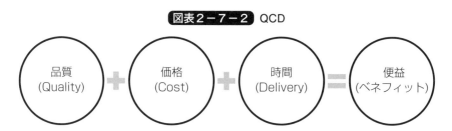

図表２−７−２ QCD

品質
(Quality)

価格
(Cost)

時間
(Delivery)

便益
(ベネフィット)

(3) ターゲティング

　市場細分化した「セグメント」の中から，自社が挑むべき標的市場を決めることをターゲティングという。ターゲティングの基準は「PEST分析」，「アンゾフ成長マトリックス」，「競争戦略」，「競争地位別戦略」，「5フォース」，「経営資源（コア・コンピタンス），VRIO」，「3C分析」，「事業ドメイン」といった分析フレームであり，実際にはこれらを行ったり来たりし，何度も何度も考え直すこととなる。

(4) ポジショニング

① ポジショニングとは

　ポジショニングとは，標的市場の中で独自のポジションを見出すことである。独自性（オリジナリティ）ある縄張りを見出すことである。自画自賛レベルの独自性では意味がなく，「顧客にとってどう見えるか？」が重要である。

　タレント業にたとえると，セグメンテーションがさまざまなメディアを細分化してリストアップすることである。テレビ，ラジオなどの媒体で分けたり，

図表２－７－３ ターゲティング

PEST分析	外部環境の『変化』を見据えているか？
アンゾフ成長マトリックス	成長マトリックスのどの方向性か？
競争戦略	コスト・リーダーシップ？　差別化？　集中化？
競争地位別戦略	目指すべき地位はリーダー？　チャレンジャー？　ニッチャー？　フォロワー？
５フォース	ターゲット市場における業界内競争が激しすぎないか？　新規参入が多くないか？　代替市場に浸食されないか？　川下の顧客あるいは川上の取引先の力に翻弄されないか？
経営資源（コア・コンピタンス）VRIO	自社の弱みを克服し，強みを活かすことが可能な市場か？
３Ｃ分析	自社◆顧客◆競合のバランスを大局的に俯瞰して，そのセグメントは旨みがあるか？
事業ドメイン	Who（誰に），What（何を），How（どのように）は整合性がとれているか？

放送地域で分けたり，ヒト（視聴者層）で分けたり，視聴する時間帯という行動面で分けたりすることが挙げられる。こうしたさまざまなメディアのピースの中から，重点的に露出すべきメディアを選ぶのがターゲティングである。そのターゲット・メディアにおいて，自分がどのようなキャラを発揮するタレントになるのか，他のタレントとどのように棲み分けしていくのかを決めるのがポジショニングである。

②　ポジショニング・マップ

　ポジショニングを可視化するために，「ポジショニング・マップ」を作図する。ポジショニング・マップは，顧客にとって，購買を決定する重要な要因（KBF：Key Buying Factor）を２軸にし，自社と競合の商品・サービスをマッピングする。２軸ということは，物差しが２つしかないわけで，それほどまでに考え抜かれた純度の高い切り口でなければならない。ここで，３つのポジショニング・マップの事例でその解釈（示唆）をみてみよう。

【A】自社と競合が重なり合っている

　自社と競合が重なり合う場合は差別化が不十分であり，市場で共食い（カニバリ：cannibalization）状態であることを示している。このままでは競合であるA社・B社と自社の違いを，顧客は認識しづらい。結果として，価格競争という消耗戦に陥り，事業の収益性が悪化してしまう。

図表2－7－4 ポジショニング・マップ【A】

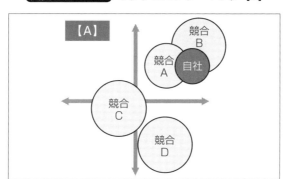

【B】一直線に整列している

　キレイに一直線に並んでいる場合，軸の取り方が不適切である。タテ軸で差は開くがヨコ軸が各社同一である。ヨコ軸の切り口が効いていない。違う切り口を探すべきである。

図表2－7－5 ポジショニング・マップ【B】

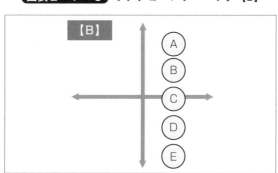

【C】空白の象限がある

　ポッカリと空白地帯がある場合は2つの解釈が成り立つ。第1に現在は需要がなく，市場が存在しないという見方である。第2に，誰も手をつけていない市場（真空マーケット）で，今後の市場創造，つまり新たなビジネスチャンスの可能性があるという見方である。宅配便市場を創造したヤマト運輸，従業員30人以下の企業の文具市場に着目した「アスクル」，カット専門の「QBハウス」，リサイクルビジネスを近代化した「ブックオフ」など，先行者優位（ファースト・ムーバー・アドバンテージ）を築き，成功した企業にはこの真空マーケットに気づいて起業した事例が多い。

図表2－7－6 ポジショニング・マップ【C】

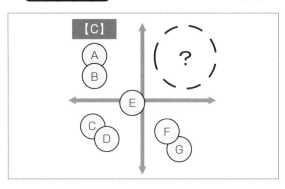

エクササイズ5

自社および競合の事業，あるいは商品・サービスの現状のポジショニング・マップを複数作成してください。

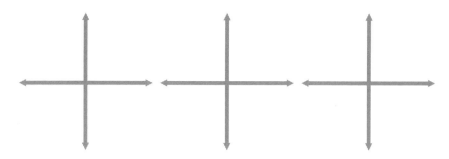

8 ロジャースの普及モデルによる市場選定

要 点 ···

☑ ロジャースの普及モデルでは，消費感度によって，顧客層を5つに正規分布させる。

☑ 活用方法は，どのターゲット市場を狙うかという市場選定や，市場のボリュームを概算することにある。

···

(1) ロジャースの普及モデルが示唆するもの

STPにおいて，消費感度が高いか低いか，すなわち"新しいモノ好き"かどうかで，市場規模をおおまかに推定することが可能である。用いるのは「ロジャースの普及モデル」というセオリーで，別名「イノベーター理論」と呼ばれる。

ロジャースの普及モデルでは，購買行動に移る消費者層を分布させることにより，図表2-8-1の5つに大別される。この5つの分類は商品・サービスのライフスタイル（PLC）にも連動している。しかし，理に適っているセオ

リーであるにもかかわらず，実際にビジネスの世界で使われていることは少ない。ロジャースの普及モデルはセグメントを絞り，ターゲティングするうえでおすすめの分析手法である。

(2)　顧客層を5つに分類する

　どのセグメントを狙うかにより，マーケティング戦略は異なる。どの層をターゲットにするのか，戦略的に決めておかなければならない。ターゲットとする市場規模がどの程度かを推し量るうえで，目安となるのがロジャースの普及モデルの「イノベーター（Innovators）」，「アーリー・アドプター（Early Adopters）」，「アーリー・マジョリティ（Early Majority）」，「レイト・マジョリティ（Late Majority）」，「ラガード（Laggards）」の5つの分類である。

図表2－8－1　ロジャースの普及モデル

1	Innovators	2.5%	情報感度が高く，最先端の技術志向。企業にとって収益源にならない。しかし彼らはオピニオン・リーダーであり，彼らの評価が市場全体に影響を及ぼす。
2	Early Adopters	13.5%	技術志向ではないが，目新しさに満足する顧客層。
3	Early Majority	34.0%	実用性を重んじる顧客層。
4	Late Majority	34.0%	業界標準を見極めてから購買する。サポート体制も重要視する顧客層。
5	Laggards	16.0%	消費・購買に関心が薄い顧客層。

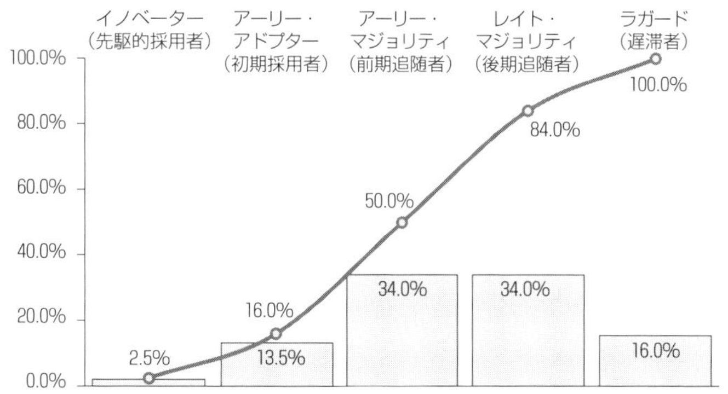

① イノベーター（Innovators）

情報感度が高く，最先端志向の消費者をイノベーターと呼ぶ。その比率はわずか2.5%で，企業にとっては大きな収益源にはならないが，彼らはオピニオン・リーダーであり，彼らの評価が市場全体に影響を及ぼす。たとえば，極めてハイスペックな新製品の市場規模を推測する場合，市場規模の2.5%が理論的な目安だといえる。あるいは，当初からニッチで小さい市場を狙う場合は，こだわり派の2.5%にターゲットを絞る。

② アーリー・アドプター（Early Adopters）

イノベーターほどの最先端志向ではないが，目新しさに満足する顧客層である。その比率は13.5%だといわれている。2.5%のイノベーターと13.5%のアーリー・アドプターを合計すると16%になることを覚えておいてほしい。つまり，市場全体の6分の1である。

③ アーリー・マジョリティ（Early Majority）

自分のライフスタイルの中で必要だと感じれば，購買行動をとる顧客層である。実用性を重んじる層であり，その比率は34%だといわれている。つまり，市場全体の3分の1である。

市場がぐっと大きく成長する分岐点は，マーケット・シェア16%に位置しているといわれている。つまり，市場全体の6分の1がブレイクスルーのポイントであり，アーリー・アドプターとアーリー・マジョリティの境目である。この境目を「キャズム（Chasm）」という。キャズムとは深い溝（谷）のことで，キャズムを超えて成長できると市場が一気に拡大する。逆に，キャズムを超えることができない場合，市場の成長期は6分の1の段階でストップし，成熟期あるいは衰退期に入ることになる。

イノベーター2.5%＋アーリー・アドプター13.5%＋アーリー・マジョリティ34%＝50%である。

④　レイト・マジョリティ（Late Majority）

　市場の半数が使用に及んだ状況で，そろそろ購買行動に出ようとする顧客層である。その比率は34％で，市場の３分の１である。レイト・マジョリティは，売れ筋や，業界標準（デファクト・スタンダード）を見極めてから購買する。また，サポート体制などのアフターフォローも重要視する顧客層である。

　アーリー・マジョリティとレイト・マジョリティで市場全体の３分の２（68％）を占め，イノベーターとアーリー・アドプターを加えると市場全体の６分の５（84％）に達する。つまり，ここまでのマス・マーケットを対象にするには，自社の商品・サービスが業界標準の地位を確立し，保守メンテナンスや問い合わせ対応などのアフターフォローの体制構築を想定した戦略展開が求められる。

⑤　ラガード（Laggards）

　消費・購買に関心が薄い顧客層で，その比率は16％と，市場全体の６分の１である。

(3)　事　例

　製造業でも小売業でも，「チャレンジャー」が切り口の新しい商品・サービスを発売し，イノベーターやアーリー・アドプターの需要を狙う。需要のすそ野が拡大したタイミングに，後発のリーダーが模倣戦略で，アーリー・マジョリティ，レイト・マジョリティの市場に参入する。たとえば，コンビニエンスストアのリーダーはセブンイレブンである。最初に店内調理のフライヤーを導入したのも，チケットの取扱い開始も，いれたてコーヒーの導入も他社が先行したが，セブンイレブンは，全店展開のオペレーションの精度の高さを武器に，一気にマジョリティを占有してしまう。

　イノベーターの例として挙げられるのは，パナソニックのレッツノートである。普及度の高いノートパソコン市場で，レッツノートは，高性能はもちろんのこと丈夫さで知られ，ビジネスマンや建設現場などでのニーズが高い。レイ

ト・マジョリティとラガードを対象とした販促企画が，型落ち品やアウトレット品の販売促進である。

9 4P（4C）はマーケティングの4大ポイント

要 点 ⋯⋯⋯⋯⋯⋯⋯⋯⋯⋯⋯⋯⋯⋯⋯⋯⋯⋯⋯⋯⋯⋯⋯⋯⋯

☑ 4Pは，Product，Price，Place，Promotionの略。商品・サービス，価格，販路，販売促進の4つの要素から，マーケティング戦略を分析する。

⋯⋯⋯⋯⋯⋯⋯⋯⋯⋯⋯⋯⋯⋯⋯⋯⋯⋯⋯⋯⋯⋯⋯⋯⋯⋯⋯⋯⋯⋯⋯

(1) マーケティング・ミックスの4Pとは

マーケティングを構成する重要な要素が4Pである。4PとはProduct，Price，Place，Promotionの頭文字をとったフレームワークである。Who（誰に），What（何を），How（どのように）のうち，4PにはWhatとHowが含まれている。

4つの構成要素をミックスして考えるため，「マーケティング・ミックス」と呼ばれる。マーケティング・ミックス＝4Pだと理解してよい。マーケティング・ミックスは，マーケティング・プロセスの中で最も重要なプロセスである。

Productはウリにしている特徴や，最も代表的な商品・サービスであり，モノとは限らない。Priceは販売価格である。Placeは販売経路であり，チャネルのことである。Promotionは販売促進である。営業マンなどによる営業力についてはPromotionに含めることが多いが，Placeでも構わない。PESTもそうであったように，4Pも思考や構成要素のモレをなくすためのフレームワークである。どこに分類するかよりも，視点の欠落を減らすことが重要である。

(2) マーケティング・ミックスの4Cとは

小売や飲食，ホテルなどの立地型のサービス業では，4Pの使い勝手が悪い

場合がある。その場合は４Ｃがフィットしやすい。４ＣとはCustomer value,
Customer cost, Convenience, Communicationの略である。

　Customer valueとは顧客にとって本質的に何が価値になるか，Customer
costとは金銭的な費用と時間的な手間ひまである。Convenienceとは利便性で
あり，Communicationは企業，サービス現場と顧客とのコミュニケーション，
情報交換のことである。

　Convenienceの要素をCustomer valueに含めてしまい，代わりに，Channel
（チャネル，販売経路）を用いてもよい。

図表２－９－１ マーケティング・ミックス

4P		4C
Product （主要な商品・サービスや， ウリとなる特徴）	↔	Customer value （顧客にとっての価値）
Price（価格）	↔	Customer cost （費用と手間ひま）
Place（販売経路）	↔	Convenience （利便性）（またはChannel）
Promotion（販売促進）	↔	Communication （コミュニケーション）

⑶　プロモーション・ミックス

　商品・サービスは，知られないことには利用されないため，企業は消費者に
対し，さまざまな情報発信を行う。これがマーケティング・コミュニケーショ
ンであり，プロモーションである。情報化の進んだ現在では，複数の媒体を
ミックスしてプロモーションを行うため，プロモーション・ミックスと呼ばれ
る。

　主なプロモーション・ミックスは，広告（Advertisement），販売促進（Sales
promotion），人的販売（Personal selling），広報活動（Publicity），クチコミ
（Buzz）の５種類である。

① 広告（Advertisement）

アドバタイズメントとは，不特定多数の消費者に対するプロモーションであり，大衆広告である。テレビCMなどの電波系，新聞・雑誌広告の印刷系，WEBのバナー広告などのネット系に大別される。駅・空港や電車の中の広告，郵送されるDMも広告に入る。

② 販売促進（Sales promotion）

販売促進には，エンドユーザーである生活者向けと，川下である流通チャネル向けの2種類がある。

生活者向けには，POP，サンプル配布，クーポン，値引き，ポイントカード等の，商品・サービスの消費（利用）を促進させるプロモーションを行う。いわば，エンドユーザーが買いたくなるプロモーションである。

流通チャネル向けには，セールスインセンティブ，バックリベート，値引き，増量，POP，協賛，マーケティングデータ提供等の手段を用いて，チャネルに対して，製品やサービスの取扱いを促進させるプロモーションを行う。いわば，流通チャネルが売りたくなるプロモーションである。

③ 人的販売（Personal selling）

外交の営業マンや販売員が，街頭や店頭や店舗内，家庭や職場への訪問などにより，実際に対面で商品説明を行う双方向のプロモーションである。

④ 広報活動（Publicity）

テレビのニュース報道，新聞・雑誌やインターネットの記事，あるいはドラマ化，映画化など，マスメディアにより広報してもらう。報道されるよう，マスコミに仕掛けなければならない。「ニュース」として報道される情報は信頼性があるため，宣伝効果が高い。費用はかかるが，スポーツ競技場などでのネーミングライツも手法の1つである。

⑤ クチコミ（Buzz）

　生活者1人ひとりのネットワーク上での情報伝達であり，口頭（知人同士のリアルな会話）やネット上の書き込み，クチコミ運営サイト（例：食べログ，ぐるなび，アマゾンの読者書評）などが挙げられる。

　クチコミの情報伝達の方向は，ユーザーからユーザーへの双方向（C to C）であり，推奨意向となる良いクチコミの場合は販売促進の効果があるが，その逆の最たる場合が"炎上"である。ネットワークに乗った個々の情報はコント

図表2-9-2 プロモーション・ミックス

	特　徴	ツール
Advertisement（広告）	不特定多数の消費者に対するプロモーション。電波系,印刷系,ネット系に大別される。	テレビ，ラジオ，新聞，雑誌，交通広告，屋外広告，DM等
Sales promotion（販売促進）	[生活者向け]何らかのメリットを提供し，製品やサービスの消費を促進させるプロモーション手法をいう。	POP，サンプル配布，クーポン，値引き，ポイントカード等
	[流通チャネル向け]チャネルに対してメリットを提供し，製品やサービスの取扱いを促進させるプロモーション手法をいう。	セールスインセンティブ，バックリベート，値引き，増量,POP，協賛，マーケティングデータ提供等
Personal selling（人的販売）	外交の営業マンや，店内の販売員が実際に対面で商品説明を行う双方向のプロモーション。	店頭,店舗内,街頭,家庭訪問,職場訪問
Publicity（広報活動）	マスコミを使って「広報」する。「報道」されるよう，マスコミに仕掛ける。「ニュース」として報道される情報は信頼性があるため，宣伝効果が高い。	テレビ（ニュース），新聞・雑誌（記事），インターネット（記事）等，ドラマ化，映画化。ネーミングライツ
Buzz（クチコミ）	生活者1人ひとりのネットワーク上での情報伝達。情報伝達は双方向であるが，個々のネットワークに乗った情報はコントロールが困難である。	口頭（知人同士のリアルな会話），ネット上の書き込み，クチコミ運営サイト（例：食べログ，ぐるなび）

ロールが困難であるがゆえに，些細な問合せや，個々のクレームへの真摯な対応が不可欠である。

(4) 事 例

　お茶市場で4Pを考えると，ウーロン茶のリーダーはサントリーであり，緑茶のリーダーは伊藤園である。どちらのProductもあらゆる小売チャネル（Place）で販売されているが，市場参入時に注力した販路は，サントリーは飲食店ルートで，伊藤園はJRなどの駅売店や車内販売である。どちらの販路も，顧客からの値下げニーズが少ない購買シーンであり，周囲のいろいろな顧客の目に留まりやすいことも共通している。

　お茶市場で4Cを考えると，特定保健用食品のサントリーの黒ウーロン茶は，体に脂肪をつきにくくする効果（Customer value）があり，健康志向の消費者に支持されているが，販売に適した販路はフィットネスクラブよりも，油ものの多い焼肉店やラーメン店である。運動によりカロリーを消費した後よりも，多めのカロリーを摂取した後に便益（Convenience）を感じさせやすい。

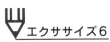エクササイズ6

自社と競合2社の商品・サービスを4Pで整理し，比較してください。

《4P》	自　社	競合A	競合B
Product （主要な商品・サービスや，ウリとなる特徴）			
Price （価格）			
Place （販路）			
Promotion （販売促進）			

10 総括～戦略策定プロセス

要　点

☑ 戦略策定プロセスは，経営理念やビジョンを出発点に，全社戦略➡事業戦略➡機能別戦略へとブレイクダウンしていく。

☑ 策定にあたって，さまざまなフレームワークを用い，行きつ戻りつしながら，戦略をブラッシュアップさせていく。

(1) 戦略策定プロセス

戦略策定プロセスとは，経営理念や経営ビジョンを実行可能レベル（Action

Plan）に落とし込む際の流れである。

　初めに企業の経営理念（価値観）があり，時代によって変化する経営目標（例：中期経営ビジョン）が描かれる。経営目標を達成するために，企業（あるいは事業）を取り巻く環境分析を行い，具体的な戦略案が練られ，実行へと移される。戦略案には，全社戦略があり，事業戦略，機能別戦略へと細分化される。

⑵　各プロセスで用いる分析フレーム

①　環境分析

　環境分析では，「PEST分析」，「経営資源分析」，「バリューチェーン」，「コア・コンピタンス」，「VRIO分析」，「３C分析」，「５つの競争要因（５フォース）」，「SWOT分析」が有効である

②　全社戦略

　全社戦略に有効なフレームは「ドメイン」，「アンゾフ成長マトリックス」，「PPM」である。全社戦略の特徴は，中長期的にマーケット全体を俯瞰し，自社の大きな方向性を示し，重点的な経営資源の配分を示す点にある

③　事業戦略

　事業戦略に有効なフレームは，「アンゾフ成長マトリックス」，「５つの競争要因（５フォース）」，「競争戦略」，「競争地位別戦略」である。事業戦略は全社戦略に比べ，対競合の意識が高い。５つの競争要因では，同業他社や新規参入，代替品の脅威など，コンペティターを意識する。競争戦略は競争環境のなかでの自社のプレースタイルの決定であり，競争地位別戦略は他社との比較で決まるマーケット・シェアや市場の広さが基準となる。

④　機能別戦略

　機能別戦略は，「マーケティング」，「生産」，「人的資源」，「財務」などであ

る。この中で,「マーケティング」では「環境分析」で用いる分析フレームと,「STP」,「マーケティング・ミックス（4P, 4C)」,「プロモーション・ミックス」が特に重要である。

　上記の戦略策定プロセスは一方通行の流れではない。仮説・検証を繰り返し,実施結果や環境変化に応じて戦略の見直しを行わなければならない。いわば,戦略策定プロセス自体もPDCAのサイクルに沿っているのである。

　実際の策定段階では,行ったり来たりしながら試行錯誤を繰り返すことになる。

(3)　MOGST

　戦略策定プロセスの略称であり, Mission, Objective, Goal, Strategy, Tact の頭文字をとってモグストと読む。

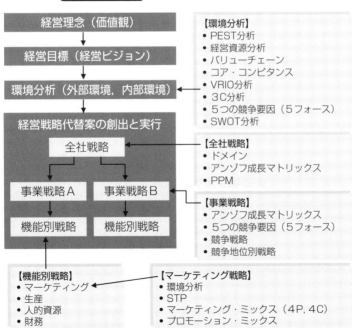

図表2−10−1 戦略策定プロセス（MOGST）

ミッション（Mission）は使命と訳されるように，経営理念に相当する。ObjectiveとGoalは経営目標に相当する。Objectiveが定性的で，そのObjectiveを定量化（数値化）したものがGoalである。

Strategyには全社戦略と事業戦略，機能別戦略が含まれている。

Tactは具体策となる実行計画（アクションプラン）である。

| | コラム | 主な政令指定都市の人口増減 |

第1章のコラムで，日本の75歳以上人口のみが増加するデータを示した。それでは，20の政令指定都市のうち，代表的な10都市の年代別人口はどのように変化するのであろうか。下のグラフは，2020年の年代別人口を1.0とし，2030年の指数を示したものである。

西日本をみると合計で1.0を維持できるのは福岡市（1.04）のみで，複数の年代で1.0を上回っている。減少幅が大きいのは北九州市（0.93），神戸市（0.96）で，特に両市ともに50代以下の減少幅が大きく，北九州市は60〜74歳の下げ幅も顕著である。

中部・東日本はすべての都市で50代以下が減少し，75歳以上の増加で合

主要政令指定都市の年代別人口増減

	0〜9歳	10代	20〜30代	40〜50代	60〜74歳	75歳以上	合計
大阪市	0.90	0.92	0.93	0.94	1.00	1.14	0.97
神戸市	0.85	0.88	0.90	0.90	0.93	1.26	0.96
広島市	0.90	0.94	0.95	0.94	0.94	1.31	0.99
北九州市	0.86	0.90	0.89	0.91	0.84	1.20	0.93
福岡市	0.96	1.03	0.95	1.02	1.02	1.43	1.04

	0〜9歳	10代	20〜30代	40〜50代	60〜74歳	75歳以上	合計
札幌市	0.88	0.95	0.88	0.94	0.95	1.41	0.99
さいたま市	0.93	0.96	0.97	0.94	1.07	1.30	1.02
千葉市	0.89	0.87	0.97	0.92	1.02	1.26	0.98
横浜市	0.90	0.91	0.95	0.90	1.07	1.23	0.98
名古屋市	0.91	0.95	0.94	0.95	1.02	1.20	0.99

（出典：国立社会保障・人口問題研究所　2018年公表資料）

計がおおむね横ばいとなっている。

　労働力の供給面では現役世代の人手不足への対応と，需要面ではシニア人口の増加に対応したマーケティングが重要である。

第3章

マーチャンダイジング

試合巧者になるための戦術レベルの実行策

1 3W2Hによるマーチャンダイジング

要 点 ‥‥‥‥‥‥‥‥‥‥‥‥‥‥‥‥‥‥‥‥‥‥‥‥‥‥‥‥‥‥‥‥‥‥

☑ マーチャンダイジングとは，日々の商売をどう展開していくかという小売業のマーケティングである。

☑ ポイントは3W2Hである。

‥‥‥

(1) マーチャンダイジングとは

マーチャンダイジングは，立地型の小売業におけるマーケティングと解釈してよい。出店場所や店舗の業態が決まった後の取組み対象とする場合がほとんどである。日々の商売をどのように展開していくかがマーチャンダイジングである。

マーチャンダイジングの主な要素として，"Five Right"を理解しておくとよい。

図表3－1－1 マーチャンダイジング

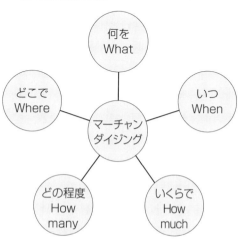

図表3－1－2 Five Right

1	Right Goods	最適な商品を	何を（What）
2	Right Time	最適な時期に	いつ（When）
3	Right Price	最適な価格で	いくらで（How much）
4	Right Quantity	最適な量を仕入れて	どの程度（How many）
5	Right Place	最適な場所で販売する	どこで（Where）

　図表3－1－2の5つの3W2Hが実践されれば，販売の機会損失と廃棄ロスが排除され，その結果，顧客満足度の向上と経営効率の向上の両立が可能になる。したがって，Five Rightはマーチャンダイジングにおいて重要なキーワードとなる。

　マーチャンダイジングの"Five Right"は「誰に対して最適なのか？」を定義することから始まる。すなわち「誰に」，「何を」，「どのように」を明確化することに相当する。消費者の好みは多様であり，万人に対しての最適（八方美人）は現実的に困難である。「何でもできる」は「何もできない」のである。つまりマーチャンダイジングは，はっきりとした顧客像があってはじめて成り立つ。

(2)　マーチャンダイジングにおける本部と店舗の役割

　マーチャンダイジングの"Five Right"の精度を上げるには，本部と店舗の双方のマネジメント力が必要である。

図表3－1－3 本部と店舗の役割

	本　部	店　舗
Right Goods	・戦略策定 ・STPの明確化 ・商品開発 ・商談（バイイング）	・顧客ニーズの把握発注
Right Time	・販売計画策定	・販促計画策定 ・人員体制策定

Right Price	・市場での売価調査 ・仕入先との原価交渉	・プライスカード・POP・メ ニューの準備
Right Quantity	・商品調達 ・物流	・発注 ・荷受け ・在庫管理
Right Place	・売り場レイアウト ・棚割り	・ディスプレイ（陳列・装飾） ・接客 ・精算

② マーチャンダイジング・サイクルによるPDCA

要 点 ･･･

☑ マーチャンダイジングは循環型のPDCAであり，8つのプロセスがある。

･･･

　マーチャンダイジングは，顧客への販売が終わると再度，商品発注がなされ，"サイクル"をなしているため「マーチャンダイジング・サイクル」と呼ばれる。マーチャンダイジングは，PDCAそのものといえる。

　マーチャンダイジング・サイクルは主に8つのステップからなる（図表3－2－1）。

　小売・サービス業の本社や現場では，日々のルーチンな仕事に追われ，問題を認識していても改善できないままオペレーションを回し続けていることが少なくない。

　そこでコンサルティングでは，マーチャンダイジング・サイクルに沿って，どこに問題があるのかをインタビューや現場視察に基づき，現状分析➡課題の抽出➡対策の立案➡実行計画立案といったステップを踏むとよい。いわば，川上から川下までのオペレーションのフロー（流れ）の整合性をチェックするのである。

　このコンサルティングの流れは"PDCA"の順番を並び替えたもので，"CAPD

（キャップディー）"となっている。正確にいうと，Priorityを明確化している
ため，Check➡Act➡Plan➡Priority➡Doの"CAPPD"である。

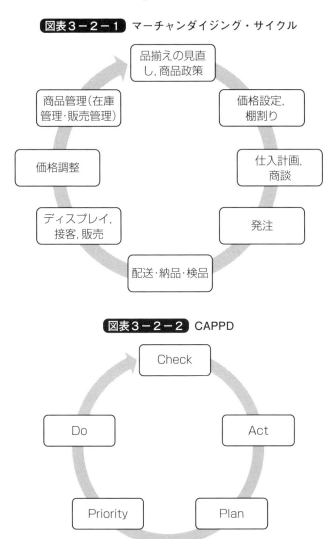

図表3-2-1 マーチャンダイジング・サイクル

品揃えの見直し，商品政策

価格設定，棚割り

商品管理（在庫管理・販売管理）

仕入計画，商談

価格調整

発注

ディスプレイ，接客，販売

配送・納品・検品

図表3-2-2 CAPPD

Check

Do

Act

Priority

Plan

図表３－２－３ マーチャンダイジング・サイクルの内容

1	品揃えの見直し, 商品政策	・どのような顧客の, どのようなニーズに対応して, どのような商品構成にすべきか。品揃えの決定。
2	価格設定, 棚割り	・顧客が満足し, かつ, 企業が必要な利益を確保できる価格の決定。 ・棚割り表によって, 品種ごとのプライスライン・ゾーンを調整する。
3	仕入計画, 商談	・どのサプライヤーから, どのように仕入れるかの決定。 ・一度決めたきりにするのではなく, 継続的に, 仕入条件改善の交渉や仕入先の変更も検討する。
4	発注	・天候による客数の増減や, 競争店の特売状況なども考慮して発注する。
5	配送・納品・検品	・検収ともいう。発注した商品がサプライヤーから納品されたときに立ち会って行う入荷量チェック作業。 ・サプライヤーが多ければ, 都度のチェック作業が増加する。
6	ディスプレイ, 接客, 販売	・棚割りレイアウト表に基づき, 顧客が商品を見やすく, 手に取りやすいディスプレイを行う。 ・売り場での接客によるプロモーションも行う。
7	価格調整	・臨機応変に価格を上下させ, 需給バランスを適正化する。
8	商品管理（在庫管理・販売管理）	・バック在庫量の確認や店内在庫の売れ行きをチェックする。この結果を, 今後の商品計画にフィードバックする。

3 インストア・マーチャンダイジングによる４Ｐの実践

要 点

☑ インストア・マーチャンダイジングは, ストア・マネジメントによるPlace, ディスプレイ・マネジメントによるProduct, インストア・プロモーションによるPriceとPromotionの実践である。

(1)　インストア・マーチャンダイジングとは

　店舗におけるすべてのマーチャンダイジングの活動が，インストア・マーチャンダイジングである。つまり，商品が店舗で売れるようにするための一連の活動を指す。インストア・マーチャンダイジングは，小売業の最も基本的な機能である。

(2)　インストア・マーチャンダイジングの目的

　インストア・マーチャンダイジングの狙いは，小売店内の売り場スペースを最大限活用し，最も効果的なディスプレイや棚割り，演出，販売促進を行うことによって顧客の関心を引き，購買を促進することである。その目的は，こうした来店客への効果的な働きかけによって買上点数および客単価を増加させ，最終的には売り場トータルの販売効率を上げることにある

(3)　インストア・マーチャンダイジングの３つの手法

　インストア・マーチャンダイジングには大きく分けて，「ストア・マネジメント（スペース・マネジメント，ゾーニング）」，「ディスプレイ・マネジメント（陳列，棚割り）」，「インストア・プロモーション」の３つの手法がある。

①　ストア・マネジメント（スペース・マネジメント，ゾーニング）

　ストア・マネジメントは，４Ｐでいう「Place」の管理で，商品群の適正な構成比率や売り場面積の配分，フロア構成の区分け（ゾーニング）などを考え，売り場にディスプレイ器具や商品をどう配置するか，客動線をいかに長くするかなどを検討し，商品や客層に合った効果的な売り場レイアウトを設計することである。スペース・アロケーションともいわれる。

②　ディスプレイ・マネジメント（陳列，棚割り）

　ディスプレイ・マネジメントは，４Ｐでいう「Product」の管理で，来店客

が商品を手に取り，買いやすいように，商品個々の容量，サイズ，販売データなどに基づいて，それぞれの商品に最適な陳列場所，フェイス数，陳列量などを企画することである。プラノグラム（Planogram）ともいわれる。

③　インストア・プロモーション

インストア・プロモーションは，4Pでいう「Price」，「Promotion」で，店内で行う多種多様な「販売活動」である。ディスプレイの工夫，特売，見本の配布（サンプル），デモンストレーション販売（実演販売），店内でのチラシの配布，店内放送，BGMなどが挙げられる。

図表3－3－1 インストア・マーチャンダイジング

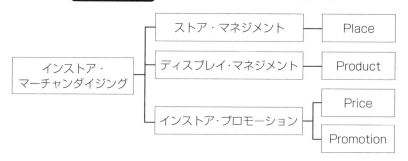

4 クロスMDによる販売点数アップとマージン・ミックス

要 点

☑ 「ついで買い」を誘うクロスMDにより，買上点数のアップ，つまり客単価のアップと，相乗積による粗利アップを図る。

☑ スーパーやアパレルはもちろん，ファーストフードや居酒屋など，広く小売・サービス業で使われる販促手法である。

(1)　クロスMDとは

　クロスMDとは，関連して売れるものを集合陳列し，顧客に購買を促進させる販売手法である。クロスMDを効果的に行うには，定性的に消費者のライフスタイルを分析することと，定量的にPOSデータを分析することが必要になる。

　たとえば，コンビニエンスストアでは風邪が流行する頃に「マスク」，「ヨーグルト」，「アイスクリーム」，「スポーツドリンク」のプロモーションが強化される。

　クロスMDの利益性については，「マージン・ミックス（粗利ミックス）」の掛け算によって，トータルの粗利益率が算出できる。

(2)　クロスMDの重要性

　クロスMDは売上高および利益を増やす目的で行う。つまり，クロスMDは客単価と粗利益率を上げるために行われる。

　スペース・マネジメントとディスプレイ・マネジメントおよびインストア・プロモーションのいずれにもクロスMDは関連する。なぜならクロスMDは，部門間の垣根を越え，横断的に実施すると効果が出やすいためである。

(3)　クロスMDの事例

　商品Aを買う人は商品Bも買う確率が高い，という仮説をもとに関連商品をプロモーションする。

　具体的な事例は図表3－4－1のとおりである。

図表3－4－1 クロスMDの例

カレー	カレーを作るには野菜が必要になる。カレールーを単品で販売するのではなく，野菜やナンを近くに陳列し，あるいは逆に野菜売場にカレールーを陳列することで，購買意欲を刺激する。さらに，肉売場にもカレールーを陳列するなどの工夫を行う。
ケーキ	ケーキを作るにはスポンジが必要になる。スポンジを単品で販売するのではなく，ホイップクリームや，ケーキに盛り付ける果物，チョコレート，ロウソクなどを集合的に陳列することで購買意欲を刺激する。
レストラン	ビールが好きな客には，ポテトやナッツを一緒に勧める。ワインが好きな客にチーズを勧め，関連消費を促進し，客単価を上げる。

⑷ マージン・ミックス（粗利ミックス）の計算

　小売・サービス業では，粗利益率の低い高回転の売れ筋商品群と，購買頻度は少ないが高粗利益率の商品がある。企業全体あるいは店舗全体の目標粗利益率を達成するために，複数のカテゴリーや多種多様な商品をどのようにマネジメントすればよいのだろうか。その手法がマージン・ミックス（粗利ミックス）である

> マージン・ミックス（粗利ミックス）＝（売上構成比×粗利益率）の総和

　売上構成比と粗利益率を掛け合わせたものを「相乗積」と呼ぶ。相乗積の合計がマージン・ミックス（粗利ミックス）の値になる。

　たとえば，3種類の商品（あるいはカテゴリー）をセット販売した際の，全体の粗利益率は次のように計算できる

商品ミックス	① 売上構成比	② 粗利益率	①×② 相乗積
ハンバーガー	50.0%	30.0%	15.0%
ポテト	30.0%	60.0%	18.0%
ホットコーヒー	20.0%	80.0%	16.0%
合　計	100.0%	マージン・ミックス（粗利ミックス）	49.0%

マージン・ミックスは，部門単位や店舗単位でも計算が可能であり，利益率のみならず，経費率にも適用できる。

カテゴリーミックス	① 売上構成比	② 粗利益率	①×② 相乗積
チケット	50.0%	30.0%	15.0%
食べ物	30.0%	60.0%	18.0%
グッズ	20.0%	50.0%	10.0%
合計	100.0%	マージン・ミックス（粗利ミックス）	43.0%

⚡️エクササイズ1

自社の商品・サービスの営業・販売の現場で，新たに取り組むべきクロスMDを考察してください。

メイン商材	関連購買対象品

5 バイヤーとスーパーバイザーは スコアラーとコーチの役割である

要　点 ・・

☑ 小売・サービス業の現場を支える本部スタッフが，バイヤーとスーパーバイザーである。

☑ 商品構成や値入に課題がある場合はバイヤー機能を強化し，売り場展開やロス率に問題がある場合はスーパーバイザー機能を強化する。

・・・

(1)　バイヤーとスーパーバイザーの必要性

　複数の店舗を経営している小売・サービス業では，店舗ごとの施策の遂行度や業績にバラツキが生まれる。あるいは，A店に販売の成功事例があっても，少し離れた場所に立地するB店に情報が伝わらないこともある。そこで，本部にバイヤーあるいはスーパーバイザーの機能を持たせ，実行を支援する。

　小売・サービス業のコンサルティングでは，こうしたバイヤーとスーパーバイザーの機能が有効に働いているかどうか，インタビューを通してチェックする。

　バイヤーとスーパーバイザーが設置されていない場合には，その設置の必要性について経営者や店長とコンサルタントが検討する。

(2)　バイヤーの機能

　バイヤーは，顧客の購買代行である。顧客を代表し，商品を選び購買してくるというのがバイヤーの仕事である。外食での料理の原材料，小売での商品の選定，取引先との原価交渉，品質や表示のチェック，売価の設定，物流整備，包装資材，店舗什器，保管（例：温度管理）もバイヤーの責任である。

　スポーツにたとえると，選手（店舗）のためにデータを分析するスコアラーがバイヤーである。

図表３－５－１ バイヤーの主な業務

領　域		バイヤー業務
店舗内・社内での業務	商品・サービス （Product）	• メニューの開発，品揃えの決定 • 新商品の選定 • 廃盤商品の選定 • 在庫の調整
	店舗と販売促進 （Place and Promotion）	• 棚割り，メニュー表の作成 • 週間・月間販売計画立案 • 特売計画の立案
	価格と商品・サービス （Price and Product）	• 価格設定 • 店舗ごとの販売動向の分析
社外での業務	自社（Company）	• 自社店舗の巡回訪問
	取引先（Supplier）	• 仕入先の開拓 • 生産地や製造工場の視察・点検
	競合（Competitor）	• 競合店調査 • 新店舗・新業態視察

(3)　スーパーバイザーの機能

　スーパーバイザーの主な仕事は，店舗指導と競合調査である。担当する店舗を定期的に巡回し，売上や商品構成，レイアウト，在庫管理，マーケティング，スタッフへの接客教育など，店舗運営のすべてにおいて支援と指導を行う。

　スーパーバイザーは，本社（本部）からの情報を店舗に提供すると同時に，店長や現場スタッフから聞いた経営状況やエリアマーケットの情報を本社にフィードバックする。つまり，スーパーバイザーは本社と店舗との橋渡し役である。

　スーパーバイザーの指導先は自社の直営店舗に限らず，別のオーナーが所有するフランチャイズ店というケースもある。指導先がフランチャイズの場合，スーパーバイザーはオーナーと信頼関係を築きながら二人三脚で店づくりをしなければならない。

　スポーツにたとえると，選手（店舗）を指導するコーチがスーパーバイザーである。

スーパーバイザーは，1人で5～10店舗を担当することが多い。たとえば，セブンイレブンのフィールドカウンセラー（店舗経営相談員）は1人当たり7～8店舗を管轄している。セブンイレブンは国内に約15,000店舗なので，フィールドカウンセラーは約2,000人と想定される。日本の中学校は約10,000校なので，5つの中学校をカバーするエリアにフィールドカウンセラーが1人配置されているイメージである。

図表3－5－2 スーパーバイザーの主な業務

	領域	スーパーバイザー業務
主要な支援内容	商品・サービス (Product)	・機会損失（品切れ）の点検・指導。 ・廃棄・値引きロスの点検・指導。 ・鮮度・日付・品質・味の点検・指導。 ・在庫量（不足や過剰）の点検・指導
	販売促進 (Promotion)	・商品陳列や盛り付けの点検・指導。 ・POPやメニュー表の点検・指導。 ・イベント催事の企画。
	価格 (Price)	・販売価格帯のバランス是正。 ・販売品目数のバランス是正。
	店舗 (Place)	・店内レイアウトの点検・指導。 ・棚割りの点検・指導。
	作業・運営 (Operation)	・すべての作業の点検・指導。 ・作業スケジュールの点検・指導。 ・5S（整理・整頓・清掃・清潔・しつけ）の点検。
機能・役割	本部と店舗を結ぶ仕事	・売り場への本部政策の具現化を支援する。 ・本部と店舗の情報のパイプ役。
	1つひとつの店舗での仕事	・個店経営をサポートする。 ・商圏特性への対応の助言（例：競合対策，消費者ニーズの売り場反映）。
	店舗と店舗をつなぐ仕事	・店舗間のバラツキの修正。 ・10店舗のチェーンストアになると，高業績2店舗，標準的な業績6店舗，低業績2店舗に分布する。スーパーバイザーの役割としては，低業績店舗の底上げが特に重要になる。

6 異なる業種・業態でも分配率で分析が可能

要　点 ....

☑　粗利益を100％とした場合，人件費に充てる比率が労働分配率である。

☑　粗利の80％を経費に回し，20％を営業利益に分配できるようコントロール
　　する。

....

(1)　分配率とは

　売上高から原価を差し引くと粗利益になる。粗利益をどのように配分するか
によって，企業の利益が決まる。企業単位では「経常利益」，個別的な店舗単
位では「営業利益」である。コンサルタントは分配率で削減すべき経費を明確
にし，改善対象を絞り込んでいく。

図表３－６－１ 営業利益

(2)　分配率の重要性

　多種多様な小売・サービス業を対象とするコンサルティングの現場において，
原価率（＝粗利益率）が異なる場合は，「売上高対比」では比較がしにくい。
たとえば，百貨店とディスカウント・ストアの売上高対比の利益率，高級レス

トランとファーストフード店の売上高対比の人件費率は比較が困難である。

収益構造が異なる，さまざまな業態が存在する小売・サービス業では，分配率に注目することが得策である。

(3)　分配率の目安

分配率を大きく「経費分配率」と「利潤分配率」に分けて考え，経費分配率を8割に，営業利益に該当する利潤分配率を2割にすることを目指す。

①経費分配率＝経費÷粗利益＝経費分配率の理想値＝80％

②利潤分配率＝利潤÷粗利益＝利潤分配率の理想値＝20％

①経費分配率＋②利潤分配率＝100％

小売・サービス業では業種・業態が異なる場合でも，粗利益の80％以内でのコスト・コントロールを目指していく。

(4)　計算式を理解しよう

売上高100％－原価率75％＝粗利益率25％

経費分配率80％＋利潤分配率20％＝100％

売上高対比の経費率＝粗利益率25％×経費分配率80％

＝売上高経費率20％

売上高対比の営業利益率＝粗利益率25％×利潤分配率20％

＝売上高営業利益率5％

(5)　経費分配率を4つに分けて分析する

経費分配率＝労働分配率＋不動産費分配率＋販促費分配率＋管理分配率

コンサルティングでは，労働分配率を最も注視する。なぜなら，比率が最も高いのが「労働分配率」だからである。もしも労働分配率が「42％」を超えている部門があれば，優先的に対策を講じなければならない。目指すべき労働分

配率は「40%以下」で，38%前後でコントロールできればさらに望ましい。

　ここで留意すべきは，純粋な『店』段階での労働分配率である。本部と店舗の経費負担は9:1が望ましい。本部や，物流センターなどの間接部門の人件費付加分を差し引くと，

　　（全社ベースの労働分配率38%）×0.9≒約34%

となり，純粋な店段階の労働分配率の目標値は「34%」になる。

　つまり，その店の人件費は，時間当たりの粗利益の3分の1に相当する約34%である。これにより日ごと，時間帯ごとに使える人件費の上限枠が明確になる。

　たとえば，1日当たり売上高×粗利益率×1/3＝1日当たりの許容人件費である。

図表3－6－2　各種分配率

分配率	計算式	あるべき数値	許容範囲
①利潤分配率	年経常利益高（店段階では営業利益高）÷粗利益	20%	15～25%
②労働分配率	年総人件費÷粗利益 ※総人件費＝役員報酬＋従業員給料＋手当＋賞与＋同引当繰入＋福利厚生費＋求人費＋退職金＋教育訓練費	38%	33～42%
③不動産費分配率（設備分配率）	不動産経費（賃借料・共益費・償却費）÷粗利益	18%	13～30%
④販促分配率	（広告費＋包装費＋POP経費＋販売手数料）÷粗利益	6%	3～12%
⑤管理分配率	（上記以外の経費）÷粗利益	18%	13～26%

①＋②＋③＋④＋⑤＝100%

店舗での純粋な分配率 ＝（全社ベースの分配率）×0.9　※本部10：店舗90		あるべき数値	許容範囲
純粋な店段階	労働分配率	34%	30～38%
	不動産費分配率（設備分配率）	16%	12～27%

エクササイズ2

自社の分配率を計算してください（①＋②＋③＋④＋⑤＝100％）。

	計算式	計算結果	許容範囲
①利潤分配率			15〜25％
②労働分配率			33〜42％
③不動産費分配率 （設備分配率）			13〜30％
④販促分配率			3〜12％
⑤管理分配率			13〜26％

7 バックヤードの広さの目安

要 点 ・・・
- ☑ 飲食の厨房の広さは店舗面積の2割〜4割である。
- ☑ スーパーマーケットでは約3割である。
・・・

(1) バックヤードの広さ

小売・サービス業の固定費の中で，人件費の次に大きなウェイトを占めるのが不動産経費である。ここでは，全体面積に対するバックヤード（後方施設）の面積の割合を確認しておこう。広すぎると固定費負担が増えるが，狭すぎると作業効率が悪くなり，店内にモノが溢れ，顧客の印象も悪くなる。

(2) バックヤード面積の割合

図表3－7－1は，飲食店とスーパーマーケットのバックヤードの広さの目

安である。駐車スペースは含んでいない。ちなみに車1台当たり約9坪が，駐車スペースの標準的な広さである。

図表3－7－1 バックヤード面積の割合

【飲食店の店舗全体に占めるバックヤード面積の割合】

居酒屋	18～20%	ビアレストラン	20～30%
焼き肉	15～30%	イタリアン	25～30%
中華（ラーメン含む）	18～30%	ステーキレストラン	35～40%
和食（そば，うどん含む）	20～30%	ファミリーレストラン	35～40%

【スーパーマーケットの店舗全体に占めるバックヤード面積の割合】

500㎡以下（150坪以下）	35～40%
1,000㎡以下（300坪以下）	30～35%
2,000㎡以下（600坪以下）	30～35%
2,000㎡超（600坪超）	25～30%

8 店舗の快適性を決めるゾーニング

要　点 ･･

☑ 狭義では，売り場全体の配置を「ゾーニング」といい，広義では店舗空間全体の演出を指す。

☑ 店舗全体のコンディションは，「きれいさ（Cleanliness）」，「便利さ（Convenience）」，「快適性（Comfortable）」，「活気（Freshness）」の3C＋Fの視点でチェックする。

･･

(1) ゾーニングとは

　さまざまな商品群の構成割合や売り場の広さと場所を決定することである。売り場での顧客の動き（客動線）を長くするために，陳列器具や商品の配置といったフロア内の構成を考え，客層に合った効果的な売り場レイアウトを設計することである。なお，以下では，「区画」的なゾーニングの要素に加え，全

体的な店舗空間の演出という多面的な視点で，ゾーニングのポイントを解説する。

(2) ゾーニングの重要性

　店舗が売上向上を図るには，顧客が入りやすく（誘引），買い回りしやすく（回遊），売り場で足を止め，商品を見比べやすく，手に取りやすいように，POPや陳列を工夫する必要がある。つまり，売り場や通路など，店舗空間全体を最適にコーディネートすることが求められる。こうした売り場全体の配置を「ゾーニング」という。

　スーパーマーケットの場合，入店した顧客全体のうち，前もって何を買うかを決めている割合は20%であるといわれている。つまり残りの80%は，買う商品を店内で決めている。飲食店でも，何を注文するかを店内で決める場合が多い。何を買いたくなるかは，店舗内の売り場イメージに大きく左右される。したがって，小売・サービス業においては，顧客の購買モチベーションを喚起する店舗空間の演出努力が必要になる。

(3) ゾーニングに問題がある場合

　そもそも，顧客の入店や売り場での立ち止まりが悪いなど，集客に苦戦している場合，以下のようなことが起きている場合が多い。

- どこか閉鎖的な印象で，気軽に店舗に入りにくい。
- 売り場が目立たず，素通りされる。印象に残らない。
- 店の前（店頭）や売り場の前に邪魔なモノがある（整理できていない）。
- 店の前（店頭）や売り場が汚い（清潔でない）。
- 全体的に単調。ディスプレイに変化や個性がない（無表情，平凡）。
- 照度はあるが，どことなく暗い印象を感じさせる。
- ボリューム（量感）はあるが，質の良さ（質感，商品価値，コンセプト）が伝わってこない。
- 什器やPOP，メニューのデザインが不揃いで，雑多感があり落ち着かない。

(4)　3C＋F

　店舗空間の演出に影響を与える主要な4つの条件として，3C＋Fがある。

　3C＋Fとは，きれいさ（Cleanliness），便利さ（Convenience），快適性（Comfortable），活気（Freshness）の4つである。

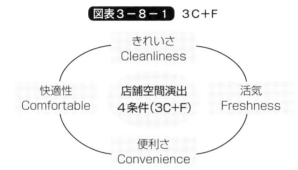

図表3－8－1　3C＋F

(5)　３C＋Fによる店舗力の定量化

　店舗の空間演出４条件をもとに，具体化した25のチェック項目で点検する。50点満点である。

図表３−８−２　３C＋Fによる店舗力の定量化

4つの基本		3C＋Fの視察ポイント25項目 <50点満点>	とても良い （2点）	良い （1点）	課題あり （0点）
きれいさ Cleanliness	1	店は清潔か，整理整頓できているか（例：店舗前，入口，店内，トイレ，レジ周り）			
	2	従業員の身だしなみは清潔か			
	3	POPやメニューが汚れていないか			
	4	商品の彩りはきれいか			
	5	食器や什器などの備品はきれいか			
活気 Freshness	6	従業員の声があふれ，活気を感じさせるか			
	7	従業員に笑顔があるか			
	8	新鮮さを訴求する工夫があるか（例：鮮度の訴求，POPやメニューの工夫）			
	9	商品や料理にボリューム感を感じさせる工夫があるか			
便利さ Convenience	10	商品・料理を選びやすいように品揃えされているか			
	11	商品・料理・食器を手に取りやすい陳列か			
	12	商品・料理の差別化要素を訴求する工夫があるか			
	13	顧客は容易に試すことができるか（例：試食，試着，試聴，試読，試供）			
	14	在庫やメニューに品切れがないか			
	15	店内の標識は視認しやすいか（例：トイレの場所）			
快適性 Comfortable	16	店内は歩きやすいか（例：通路の幅）			
	17	店内の空調（温度）は適切か			
	18	分煙（喫煙，禁煙）が明確か			
	19	店内の照明は店の雰囲気に合っているか			
	20	店内の香りは購買意欲をそそるか			
	21	店内で異臭がしないか（例：トイレ）			
	22	BGMは店の雰囲気に合っているか			
	23	内装や椅子・テーブルは店の雰囲気に合っているか			
	24	接客は丁寧か（例：注文時の復唱・お礼，退店時のお見送り）			
	25	接客は迅速か（例：ファーストドリンク，レジ精算）			
		小計			
		合計			

エクササイズ3

自社（自店）と競合2店舗で，3C＋Fの実地調査をしてください。

4つの基本		3C＋Fの視察ポイント25項目 <50点満点>	自店	競合A	競合B
きれいさ Cleanliness	1	店は清潔か，整理整頓できているか（例：店舗前，入口，店内，トイレ，レジ周り）			
	2	従業員の身だしなみは清潔か			
	3	POPやメニューが汚れていないか			
	4	商品の彩りはきれいか			
	5	食器や什器などの備品はきれいか			
活気 Freshness	6	従業員の声があふれ，活気を感じさせるか			
	7	従業員に笑顔があるか			
	8	新鮮さを訴求する工夫があるか（例：鮮度の訴求，POPやメニューの工夫）			
	9	商品や料理にボリューム感を感じさせる工夫があるか			
便利さ Convenience	10	商品・料理を選びやすいように品揃えされているか			
	11	商品・料理・食器を手に取りやすい陳列か			
	12	商品・料理の差別化要素を訴求する工夫があるか			
	13	顧客は容易に試すことができるか（例：試食，試着，試聴，試読，試供）			
	14	在庫やメニューに品切れがないか			
	15	店内の標識は視認しやすいか（例：トイレの場所）			
快適性 Comfortable	16	店内は歩きやすいか（例：通路の幅）			
	17	店内の空調（温度）は適切か			
	18	分煙（喫煙，禁煙）が明確か			
	19	店内の照明は店の雰囲気に合っているか			
	20	店内の香りは購買意欲をそそるか			
	21	店内で異臭がしないか（例：トイレ）			
	22	BGMは店の雰囲気に合っているか			
	23	内装や椅子・テーブルは店の雰囲気に合っているか			
	24	接客は丁寧か（例：注文時の復唱・お礼，退店時のお見送り）			
	25	接客は迅速か（例：ファーストドリンク，レジ精算）			
		計			

⑹ 五感の効用

　店舗の空間演出において，顧客の「視覚」，「聴覚」，「嗅覚」，「味覚」，「触覚」といった五感に響く売り場づくりが必要である。視覚では見ることで違いがわかり，特徴を感じ取らせることがポイントである。聴覚では，視覚と聴覚との一体感（相乗効果）が生まれると効果的である。触覚とは，手に取り，肌に触れることで，購買意欲を高める効果がある。嗅覚は，匂いが連想（消費のイメージ）を後押ししたり，香りが心を豊かにしたりする効果がある。味覚は，いうまでもなく食べ物や飲み物の味であり，視覚，嗅覚，聴覚と連動する。

　五感を意識した売り場演出をするうえで，最も重要なのは「視覚」による訴求である。顧客は商品を見ているようで見ていない。「見る」とは，顧客の「記憶に残ること」である。「あの店に行けば，○○の商品がある」，「△△の商品なら，あの店を思い浮かべる」というように，顧客に印象づけ，記憶に残させるための仕掛け・工夫が不可欠である。

図表３－８－３ 五　感

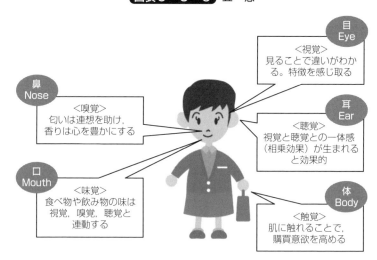

⑨ 人の流れを作り出すための回遊性

要　点
- ☑ 業績好調な店舗は回遊性がよい。
- ☑ 回遊性は偶然ではなく，ストーリー性をもって意図的に作り出す。

(1) 回遊性の重要性

　回遊とは，顧客が店舗内を歩き回ることである。顧客1人ひとりが，法則性なくバラバラに歩くと，店舗内は混雑し，顧客にとって不快な店舗となる。回遊性を高めると，売り場や陳列棚との接触の機会が増え，ついでに商品を購入してもらう機会（衝動買い）が増え，売上高増大につながる。したがって，回遊性の悪い通路はないか，回遊の方向に規則性があるかを，コンサルティングにおいて調査，分析することが必要である。

(2) 回遊性とは

① 回遊率

　回遊性とは，顧客が店舗内をくまなく歩き回ることである。回遊性＝客足の「風通し」である。顧客が店舗内をどのように回遊するか（＝客動線）は，偶然（たまたま，何となく）ではなく，店舗が"仕掛け"によって，意図的に生み出さなければならない。

　図表3－9－1のフロー図のように，顧客は店舗に入店し，売り場を通り（回遊率），売り場に立ち止まり（立寄り率），商品を手に取り（視認率），商品をカゴに入れる（購買率）。ここで重要なのは「回遊率（売り場の通過率）」である。入店し，回遊（売り場を通過）しないことには，購買に至らない。したがって，「売上（購買）」をアップさせるためには，売り場への回遊を高める必要がある。

居酒屋やレストランの多くがランチに力を注いでいるのは，昼間の稼働率を確保する目的もあるが，お試し客を誘い込み，味や店の雰囲気を体験してもらい，夜の集客に活かすためでもある。つまり，衝動買い的にランチを利用してもらい，お店を気に入れば目的買い的にディナータイムを利用してもらえる。ランチタイムに歩いている（回遊）サラリーマン・OLを，黒板などのメニューで立ち止まらせる（立寄り）ことで，ディナータイムの利用を促進させるプロモーションだといえる。

図表３－９－１ 回遊性

		調査例	
		人数	割合
入店	入店する	800人	100%
回遊	売り場を通る	400人	50%
立寄り	売り場に立ち止まる	160人	20%
視認	商品を手に取る	80人	10%
購買	商品をカゴに入れる	40人	5%

② **さまざまな回遊性**

回遊性の考え方は，小売店の中だけではなく，飲食店や街づくりなどでも適用可能である。

図表３−９−２ 回遊性の応用

業　態	事　例
商業施設内の飲食街	百貨店の飲食フロアの回遊性
セルフサービス型飲食	パン（ベーカリー），ドーナツショップ
バイキングレストラン	［朝食ビュッフェ］
街づくり	［駅の周辺］

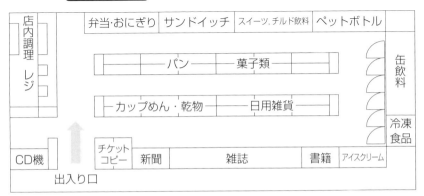

(3)　回遊性の事例

①　コンビニエンスストア

コンビニエンスストアのレイアウトはさまざまであるが，回遊性向上を目的に，図表３−９−３のようなレイアウトにしていることが比較的多い。

図表３−９−３ コンビニエンスストアのレイアウト（例）

　雑誌売り場は店舗前の道路に面し，雑誌の表紙を店舗の外側に向け，歩行者の目に留まりやすく陳列されている。

　出入り口は店の左側にあることが多いといわれている。左にレジ，右に売り場である。これは，日本人の右に曲がりやすい行動特性を利用しているといわれている。

　店舗の奥まで回遊させるために，購買頻度の高い弁当・おにぎり・サンドイッチ等を奥の壁面に陳列している。また，入店時に目に入りやすくするために，それらを出入り口の真正面に陳列している。

　店舗の奥まで回遊させ，ついで買いを促すために，弁当・おにぎり・サンドイッチ等の並びに日配品の乳製品や紙パックのドリンク，ペットボトルの飲料，缶飲料が配置されている。

　中央の陳列棚（ゴンドラ）にはグロサリー系の菓子やカップめんが，店舗の外側に近い棚には非食の日用雑貨が陳列されている。

　書籍の並びの角地には，購買頻度の少ない冷凍食品や氷が陳列されている。これは，死角（デッドスペース）になりやすいからである。

②　スーパーマーケット

　スーパーマーケットも，回遊性向上を目的に，図表3-9-4のようなレイアウトにしていることが比較的多い。1～8の番号は買い回りの順番である。

　右回り（時計回り）のスーパーマーケットもあるが，多くのスーパーマーケットが左回り（反時計回り）である。理由は，左手で買い物カゴを持ち，右手で商品に手を伸ばすからである。

　果物や野菜などの青果を店頭に配置する理由は，色彩が豊富で視覚に訴えやすいことと，季節感を訴求しやすいためである。夏のスイカ，秋のナシや柿など，旬が明確で彩りも鮮やかである。

　鮮魚が青果の次に配置されやすい理由も季節感にある。秋のサンマ，冬のブリなど，旬の食材が明確である。干物や珍味などの塩干（えんかん）は，図のような場所に配置されることが多い。野菜をみた後に鮮魚や刺身に目が行きや

図表3-9-4 スーパーマーケットのレイアウト（例）

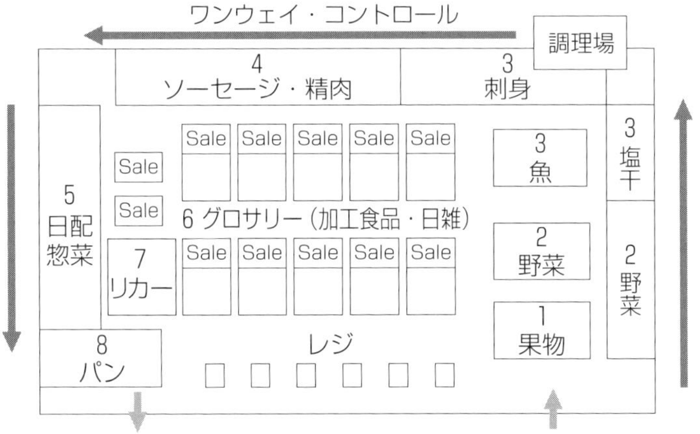

すく，死角になりやすいためである。刺身売り場のガラス越しには調理場が見え，調理の様子自体がアイキャッチになり鮮度感を演出している。

　肉類が図のような位置に多い理由は，牛・豚・鶏のいずれも，年中収穫され，彩りにも変化がなく，季節感を訴求しにくいためである。

　日配・惣菜では，乳製品，半加工された半製品，すぐに食べられる揚げ物や寿司・弁当が品揃えされている。

　中央には，調味料や菓子などの加工食品や非食の日用雑貨のほか，リカーコーナー等が配置されている。

　焼き立てのベーカリーが最後にくる場合が多い。スーパーマーケットは意外に匂いの少ない売り場が多く，ベーカリーコーナーは食欲をそそるシズル感（(4)⑤参照）ある香りを漂わせる数少ない売り場である。

(4)　回遊性を高める方策

①　レイアウトの変更

　陳列棚の向きや長さを変えることで，回遊性を変化させる。図表3-9-5のようにさまざまな向きの違いで，かなり印象が変わる。

図表３－９－５ さまざまなレイアウト

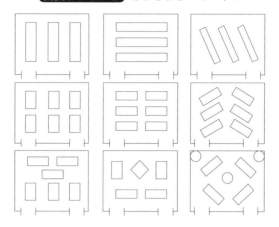

　陳列棚の高さを変えることも有効で，棚を低くすることで，陳列できる量という点は犠牲になるが，女性の目の高さよりも低い陳列棚の導入により，店舗奥までの見通しをよくし，回遊性を高める効果がある。

　図表３－９－６は，ある百貨店のワイン売り場である。回遊性を高めるために，棚の向きを斜めにしている。

図表３－９－６ 回遊性を高めるレイアウト（例）

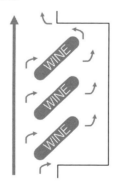

　レイアウト変更にはメリットと同時にデメリットもある。図表３－９－７の２つの図を比較してみよう。

図表３－９－７ 回遊性のメリット・デメリット

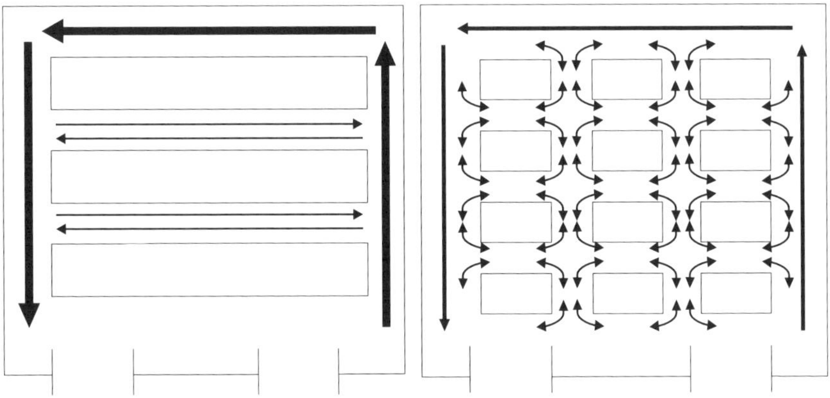

　左図は，通路が長いために中央部分の回遊性が悪い。そこで，回遊性の悪さを解決するために，右図のように通路をたくさん設けると回遊性は高まる。しかし，棚のレイアウトが細切れになり，連続性がなくなる。その結果，ボリューム感が不足する，あるいは棚と棚が離れるため買い物がしにくいというデメリットが生じる。

　最適な答えは，顧客が購買実績で示してくれる。PDCAを繰り返し，売り場で仮説検証し続けることが重要である。

② **レイアウト表示の工夫**

　回遊性を高めるために，店舗内に店内レイアウトを表示する。大型の施設の場合は店内レイアウト図を配布する。あるいは売り場表示や矢印などの標識を見やすくする工夫も重要である。

③ **聴覚による回遊性向上**

　音の活用も回遊性向上に有効である。たとえば，店員の呼び込みやBGM，サウンドPOPの活用（例：接客トークを録音・再生），調理の音そのもの（焼く音，揚げる音）などが回遊性の向上に効果的である。

④　視覚による回遊性向上

レイアウト表示の工夫のほかに，図表3－9－8のような視覚による回遊性
向上策がある。

図表3－9－8 その他の回遊性向上策

POPの工夫	売り場に販促ツールを見やすく表示することで，客足を向けさせる。
Visual MD（VMD）の展開	季節感・色彩を工夫した陳列で，顧客の足を売り場に向けさせる。あるいは，店舗奥に目を引く商品を陳列し，客足を吸引する。
クロスMDの展開	特設コーナーなどでの大掛かりなクロスMDの場合は，訴求テーマを大きく表示し，集客する。
デジタル・サイネージ	電飾型の大型画面により，客足を誘引する。
試食の活用	試食台を設置することで，客足を売り場まで吸引する。

⑤　嗅覚による回遊性向上

調理の匂いで客足を向けさせることも重要である。たとえば，大型書店は
コーヒーの香りを有効活用している。JUNKUDOは，広い店舗の奥にコーヒー
ショップを導入し，回遊性を高めている。

JRのエキナカでは，シュークリームなどの甘い匂いがする店舗を導入して
いる。これにより，従来は素通り客であった女性客の駅内消費を高めている。

こうした手法を「シズル」という。食欲をかき立てるかのようなシズル感の
演出で回遊性を高めるのである。

⑥　時間の活用

タイムサービスの展開。「今がお買い得」とプロモーションすることで，回
遊性を高める。

⑦　噴水効果・シャワー効果

百貨店は，地下のフロアにフードコートやレストラン街を充実させることで，

地階への回遊性を高めている。水源が地下にあるということに由来し，「噴水効果」という。

シャワー効果は噴水効果の逆で，水源が上層階にある。最上階で特売や，フェア，イベントを行い，客足を上層階に向けさせる。たとえば大型家電量販店の中には，最上階のレストランフロアを充実させている店がある。これは，顧客を上層階に引き上げ，階下に降りてくる際に各階へと立ち寄らせる効果を狙っている。

10 客動線調査による回遊性の把握

要　点

☑ 店舗の各通路の通行量調査として，客動線調査を行う。
☑ 通路の回遊率，棚への立寄り率などをもとに，よりよい売り場づくりのヒントを探る。

(1) 客動線調査の重要性

回遊性の事実とは，つまり，顧客が実際に歩いた足取りである。その顧客の軌跡が客動線であり，定量的に把握する手法が客動線調査である。いわば，店舗内の通行量調査である。

もの言わぬ線の集合体である『買い回り動線』から，業績改善のポイントを探る手法である。

そのフロアで仕事をしている店舗のスタッフは，忙しさや慣れがあり，顧客の購買行動をじっくり観察することは少ない。客動線調査の実施の際に店舗のスタッフにも参画してもらうと，顧客視点の啓蒙（意識づけ）の効果が得られる。事件は現場で起きており，社内で認識を共有するために事実を視える化し，よりよい売り場にするための案を練り，実行し，再度，動線を検証するために客動線調査が行われる。つまり，客動線調査は「CAPD（Check→Act→Plan

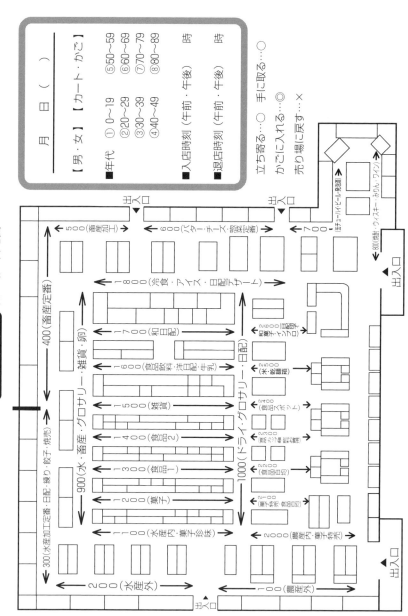

図表3−10−1 売り場の白地図

→Do)」の実践である。

(2)　調査の準備

①　売り場のマップ

調査の事前準備としては，売り場のマップを用意し，売り場に通し番号を付け，地図と売り場に番号の表示を行う。売り場のマップは白地図を用意する。調査後に売り場の見分けがつくように，図表3－10－1のように，区分線が入ったものが使いやすい。

②　売り場の住所を決める

調査後に通路別の回遊率を定量化するために，3ケタ～4ケタの通路番号を付ける。たとえば，通路ごとに100番通り，200番通り，2500番通り……などとして，同様に，売り場（＝棚）別に，立寄り率を定量化するために，101，102，

図表3－10－2 通路番号・棚番号

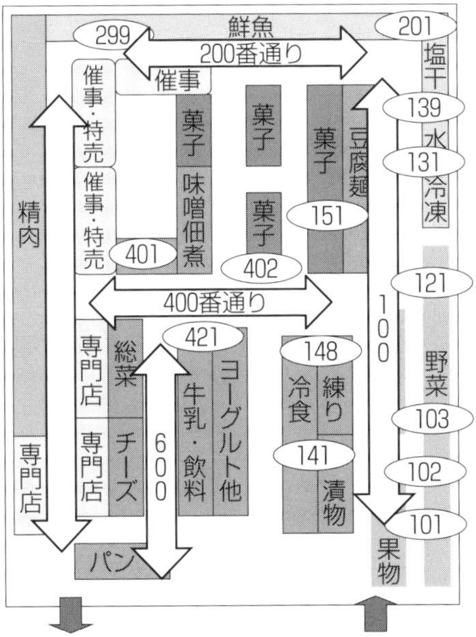

103……などの棚番号をつける。200番通りに面した左右の売り場には，201～299の番号を与える。通路番号と棚番号に関連性をもたせておくと，調査後のクロス集計などの分析の際に，イメージがしやすい。現場で棚の番号が視認できれば，誰でも客動線調査は可能である。

③ 売り場の住所を記載する

白地図上に通路番号と棚番号を記載することで，所番地が明確な店内地図ができ上がる。売り場の棚にも番号を明示するために，棚ごとにタグ（付箋やビニールテープ）を貼っていく。いわば表札である。棚の上部または下部に貼れば，買い物客の邪魔になることもない。

(3) 調査の実施

① サンプル数をいくつとるか

1日の平均利用客数くらいがベストである。少なくとも300人程度のサンプルを確保する（N数が300あれば，統計的な信頼性が高まる）。

② いつ調査するか

バランスよく，総合的（網羅的）に調査したい場合，曜日・時間に偏りなく，平均的に採取する。たとえば，1人の買い回りに10分程度かかると想定すると，1時間当たりの調査可能人数は約5人である。1日8時間の調査を行うと，1日で40人。これを7日間続けると，280人となり，300人に近づく。

特定のタイミングの売上が少ないという課題を抱えている場合，比較しやすいように調査する。たとえば，週末に比べ平日の売上が少ない場合，平日150人，週末150人で比較分析を行う。あるいは，時間帯別の状況を知りたい場合は，朝3時間（9～12時），午後3時間（12～15時），夕方3時間（15～18時），夜3時間（18～21時）のそれぞれで，たとえば100人ずつ調査を行う。あるいは，課題によっては，給料日や年金支給日の前と後で分けた調査も効果的である。

③　調査は誰が行うか

　会社関係者が調査を行う場合は，店舗スタッフの勤務シフトに沿って，時間と人数を割り振って調査を実施する。あるいは，新入社員や入社2年目などの若手教育（研修）の一環として調査を宿題（研修課題）にしてもよい。経営幹部（マネジメント職層）が調査を担ってもよい。外部の者が調査を行う場合は，コンサルタントが全面的に調査を担当するか，アルバイトを雇って調査する場合もある。

④　何を記録するか

　大別して，客動線と顧客属性の2種類がある。

　客動線は，第1に顧客の足取りを線で描き，第2に顧客が売り場に立ち止まれば，地図の棚番号に○（マル）をつける。バインダー（手板，ボード）に挟んで調査すると便利である。複数の出入り口がある店の場合，必要があれば，どこから店舗に入り，どこから出たかを記録する。

　顧客属性は，第1に性別と年代，第2に回遊時間を記録する。つまり，入店した時刻と，精算のためにレジに並んだ時刻である。たとえば，入店が18時09分で，レジに並んだのが18時21分の場合，18：21−18：09＝12分が回遊時間となる。また，必要に応じて買い物の道具（買い物カートか，カゴか，手ぶらか）も記録する。もしも記録が可能であれば，精算内容，つまり，買上点数と買上金額の記録を推奨したい。理由は，回遊時間の長さと単価および利用点数に関係性があるかどうかを検証するためである。

図表3−10−3 客動線調査の記録内容

客動線	顧客属性
• 顧客の足取り……線 • 立ち寄った売り場……○	• 性別，年代 • 回遊時間
※必要に応じて • 入店と退店の経路	※必要に応じて • 買い物の道具 • 精算内容

⑤ 調査の留意点

第1に距離感で，適度に距離を置いて歩く。人を見ているのではなく，売り場の商品を見ているように歩けば怪しまれることはない。

第2に調査する側の服装で，制服の場合，調査をしたり店の仕事に戻ったりという行き来が容易であるが，買い回りしている顧客から売り場や商品について質問を受けると，調査が中断してしまう。私服に着替えた場合は調査が中断することはないが，更衣室で着替える手間がかかる。

⑥ 調査の集計・分析

客動線調査の結果を入力し，集計する。最も重要なのは，通路別の通過率である。調査人数のうち，何パーセントがどの通路を回遊しているか。次に，立寄り率である。調査人数のうち何パーセントが売り場（棚）に誘引されているかという，売り場別（＝棚ごと）の立寄り率である。回遊時間（買い回り時間）も重要である。買い回り時間を実際に把握している小売店はほとんどない。買い回り時間と，買上点数・購入金額（＝客単価）との関係を分析してみると，特徴や傾向が把握できる。

クロス集計の場合，曜日別（or 時間別）×通路別（or 棚別），年代別（or 性別）×通路別（or 棚別），カート・カゴの違い×通路別（or 棚別）などにより，細分化した属性別に回遊率を分析する。

分析した結果は，グラフ化はもちろん，店舗の白地図に色別で塗ると，回遊性や立寄りが視える化され，実態を把握しやすい。こうした調査・分析の結果をもとに，店舗のミーティングの場で課題や改善内容について意見交換し，実際の改善へと着手する。たとえば，ゾーニング（レイアウト，棚割り）の変更，誘引する仕掛け（＝マグネット）の配置（例：POP，試食）である。

図表3－10－4 客動線調査の集計表例

顧客No.	When		Who		How	時間		レジ精算		通路						棚			
	月	日	年齢	性別	カゴカート素手	入店時刻	レジ到着時刻	買上点数	購入金額	#100	#200	#300	#400	#500	#600	#101	#102	#103	#104
1																			
2																			
3																			
300																			

図表3－10－5 客動線調査の属性集計例

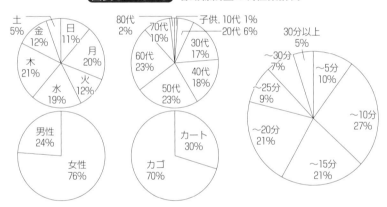

図表3－10－6 通路別の回遊率集計例

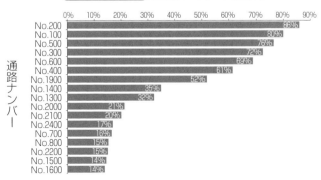

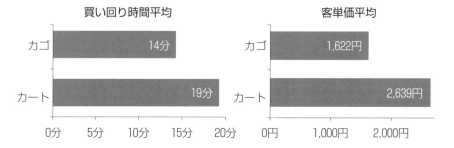

図表3－10－7 買い物用具別の買い回り時間と客単価集計例

買い回り時間平均

カゴ	14分
カート	19分

0分　5分　10分　15分　20分

客単価平均

カゴ	1,622円
カート	2,639円

0円　1,000円　2,000円

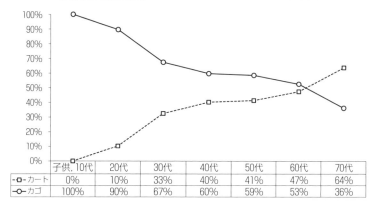

図表3－10－8 年代別の買い物用具の比率集計例

	子供.10代	20代	30代	40代	50代	60代	70代
-□- カート	0%	10%	33%	40%	41%	47%	64%
-○- カゴ	100%	90%	67%	60%	59%	53%	36%

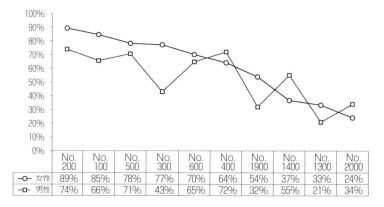

図表3－10－9 通路別の男女の回遊率集計例

	No.200	No.100	No.500	No.300	No.600	No.400	No.1900	No.1400	No.1300	No.2000
-○- 女性	89%	85%	78%	77%	70%	64%	54%	37%	33%	24%
-□- 男性	74%	66%	71%	43%	65%	72%	32%	55%	21%	34%

コラム　　コンパクトさや捨てやすさによる差別化

　ロングセラーの商品は一定の横幅があるものが多い。たとえば菓子類であれば，明治「ミルクチョコレート」やカルビー「かっぱえびせん」がそうである。これに対して，市場参入に成功した後発商品にはスリムなサイズが多い。大塚製薬「ソイジョイ」，キシリトール系の「クロレッツ」のようなガムや「ミンティア」のようなミント菓子，カルビー「じゃがりこ」などである。

　サイズをスリム化するには理由がある。既存の商品が並ぶ陳列棚に割って入るために，フェイスがコンパクトでなければならない。カルビーの袋菓子では，商品を上に積み上げられることはできないが，筒形の「じゃがりこ」であれば，店舗面積の小さいコンビニエンスストアでも，最上段の棚に縦方向に積み上げることができ，店舗空間を有効に活用できる。小売店側は，限られたスペースにより多くの品数（SKU）を揃えたいので，コンパクトな商品は歓迎されやすい。

　ゴミを捨てやすいことも重要である。代表例は，ミネラルウォーターの「いろはす」である。通販でも「オルビス」のような詰め替え製品の支持が高く，外箱もコンパクトでつぶしやすいことが，顧客から支持されている。詰め替え用を買い求める理由が，価格からゴミの減量へと変化してきている。

　味や値段ではなくパッケージの工夫による差別化も重要な要素である。

第4章

データで勝負
定量的な分析手法

1 優先順位づけのためのABC分析

要 点 ....
- ☑ 「重点分析」であるABC分析は，分析する側にとっても分析結果を聞く側にとってもシンプルでわかりやすい。
- ☑ しかし，実際に企業内でABC分析を活用しているケースは多いとはいえず，コンサルティングにおける有効な切り口である。
....

(1) ABC分析の重要性

ABC分析は「重点分析」である。たくさんあるものを整理し，大事なものから順に並べ，優先順位をつけて管理していくために行う。分析の目的は，品揃えの見直し，陳列フェイス数の検討などである。一度きりではなく，定期的（例：月に1回，四半期に1回）に実施すべきである。

(2) ABC分析の概要

ABC分析は売上高や販売個数，粗利益が対象となり，経営管理のあらゆる面で活用できる有効な管理手法である。誰にでも簡単にできること，幅広い分野に活用できること，結果をグラフなどで表しやすいこと，という特徴がある。具体的には，商品を売上高の高い順に並べて，たとえば売上構成比累計70％までをAランク，同じく70～90％までをBランク，それ以降をCランクと区分する。

しかし，実際にABC分析を活用している企業や担当者は多くはない。名称は飛び交うが，実際に定量的な使われ方がされていない代表選手が「客動線（回遊性）」と「ABC分析」である。

売上高と粗利益を組み合わせたクロスABC分析の結果表を「デシジョン・テーブル」と呼ぶ。

Aランク商品は最重要管理商品で，何があっても品切れさせてはならない。

この商品が品切れすることによって，店舗全体の売上が大きく下がる。売上が下がるというよりは，モノがあれば売れていたので売り逃しの損失である。売れる機会があったのに売れなかったのでロス（損害）になった，という意味で機会損失という表現を用いる。

　Bランク商品は，Aランク商品ほどは重点管理しなくてもよい。品切れさせない程度の管理であるが，将来の売れ筋への育成という視点も重要である。

　Cランク商品は，あってもなくてもよい商品であり，改廃，カットの検討の対象となる。新商品と入れ替える場合には，このCグループの商品を品揃えから外す。ただし，目的購買品の場合は残す（例：タバコ，傘，衛生用品）。

　売れ行きが鈍い商品は，商品自体の魅力が本当に不足しているのかを検討しなければならない。欠品していた，あるいは目につきにくい陳列だった，他店に比べて売価が高かったなどの要因も検討し，今後の拡販に結びつける。

　ABC分析を実施すると，一般的に3対7あるいは2対8，つまり20～30%の商品が全体の売上の70～80%を占めている。言い換えると，Aグループの商品さえ完全にコントロールしていれば，売上の75%はコントロールできるということである。いわゆるパレートの法則性を有している。ABCのそれぞれのランクを何%で区切るか，明確な基準はなく，図表4－1－1は区分の一例である。

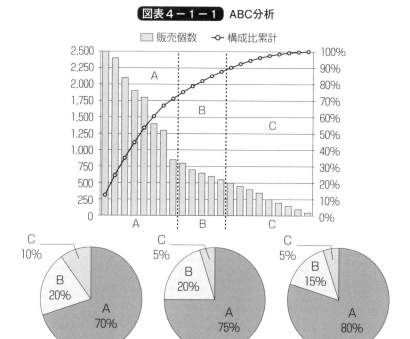

図表4−1−1 ABC分析

(3)　ABC分析の手順

　ABC分析は，①データの整理➡②グラフの作成➡③分析の3段階で行う。

①　データの整理（図表4−1−2）

> a．商品を売上高（あるいは販売個数や粗利益）の大きい順に並べる。
> b．売上高合計を計算する。
> c．各商品の売上構成比を計算する。
> d．この構成比の累計を計算する。
> e．70%を超えるラインと，90%を超えるラインに線を入れる。

図表４−１−２ ABC分析の手順

a

順位	商品名	個数
1	商品1	605
2	商品2	545
3	商品3	425
4	商品4	310
5	商品5	135
6	商品6	125
7	商品7	90
8	商品8	60
9	商品9	45
10	商品10	37
11	商品11	31
12	商品12	26

b

順位	商品名	個数
1	商品1	605
2	商品2	545
3	商品3	425
4	商品4	310
5	商品5	135
6	商品6	125
7	商品7	90
8	商品8	60
9	商品9	45
10	商品10	37
11	商品11	31
12	商品12	26
合計		2,434

c

順位	商品名	個数	構成比
1	商品1	605	24.9%
2	商品2	545	22.4%
3	商品3	425	17.5%
4	商品4	310	12.7%
5	商品5	135	5.5%
6	商品6	125	5.1%
7	商品7	90	3.7%
8	商品8	60	2.5%
9	商品9	45	1.8%
10	商品10	37	1.5%
11	商品11	31	1.3%
12	商品12	26	1.1%
合計		2,434	

d

順位	商品名	個数	構成比	累計
1	商品1	605	24.9%	24.9%
2	商品2	545	22.4%	47.2%
3	商品3	425	17.5%	64.7%
4	商品4	310	12.7%	77.4%
5	商品5	135	5.5%	83.0%
6	商品6	125	5.1%	88.1%
7	商品7	90	3.7%	91.8%
8	商品8	60	2.5%	94.3%
9	商品9	45	1.8%	96.1%
10	商品10	37	1.5%	97.7%
11	商品11	31	1.3%	98.9%
12	商品12	26	1.1%	100.0%
合計		2,434		

e

順位	商品名	個数	構成比	累計	
1	商品1	605	24.9%	24.9%	A
2	商品2	545	22.4%	47.2%	A
3	商品3	425	17.5%	64.7%	A
4	商品4	310	12.7%	77.4%	B
5	商品5	135	5.5%	83.0%	B
6	商品6	125	5.1%	88.1%	B
7	商品7	90	3.7%	91.8%	C
8	商品8	60	2.5%	94.3%	C
9	商品9	45	1.8%	96.1%	C
10	商品10	37	1.5%	97.7%	C
11	商品11	31	1.3%	98.9%	C
12	商品12	26	1.1%	100.0%	C
合計		2,434			

② グラフの作成（図表4－1－3）

f．縦軸に売上構成比を，横軸に商品名を取り，縦棒グラフを作成する。
g．構成比累計を折れ線グラフで示す。
h．70%を超えるラインと，90%を超えるラインに線を入れる。

図表4－1－3 ABC分析のグラフ化

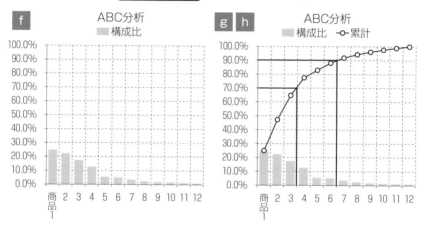

③ 分析（図表4－1－4）

i．結果を評価し，対策を講じる。

図表4－1－4 ABC分析による検討と対策

ランク	検討内容
Aランク	積極的な拡販策をとる一方で，その商品の市場性がいつまで続くかを常にモニタリングし，市場性にかげりがみられる場合は早急に次の主力製品を育てる必要がある。
Bランク	Aランク商品として育てる価値と可能性を吟味し，販促策を検討する。
Cランク	育てるべき商品と，撤退・成り行きに任せる商品とに分類したうえで，それぞれに対応する。

(4)　ABC分析のポイント

ABC分析は過去の実績に基づいている。したがって，今後，何を主力商品とするか，あるいは育成商品とするかを慎重に検討しなければならない。また，売上高の大きいものが必ずしも利益を多く稼いでくれている商品とは限らない。粗利益や販売個数の分析もあわせて行う必要がある。

図表4－1－5 ABC分析の活用

対　象	基　準	分析のポイント
売上高のABC分析	売上金額順	• 売れ筋商品は何か？ • 死に筋商品は何か？
粗利益のABC分析	Gross Profitの順	• 利益を上げている商品は何か？ • もっとフェイスを広げられないか？
販売個数のABC分析	販売数量順	• 販売数量が落ちてきて，不良在庫になるおそれのある商品はどれか？ • 販売数量が多すぎて補充工数が多すぎる場合は，陳列面積を広げるべきではないか？

※ABC分析とは別の手法であるが，「最後に売れた日」の順に並べると，いつの間にか売れなくなっている商品が浮き彫りになる。

(5)　ABC分析のパターン

ABC分析の構成比累計グラフのパターンとしては「標準型」，「分散型」，「超集中型」の3つが代表的である。

図表4－1－6 ABC分析のパターン

① 標準型 　安定性・効率ともにほどよい状態。Aランク～Cランクが均等。	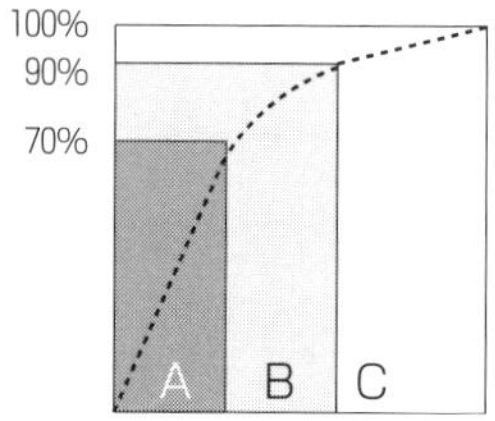 100% 90% 70%　　　　　A　B　C
② 分散型 　安定性という点ではよい。しかし，注力すべき「重点商品」がたくさんあり，言い換えると，「重点商品」が絞りきれていない。営業効率に悪影響の可能性がある。	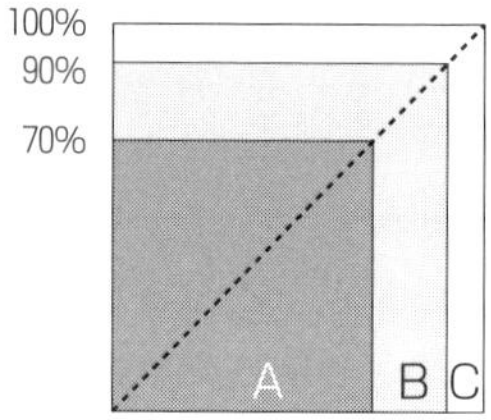 100% 90% 70%　　　　　A　B C
③ 超集中型 　少ない品種で売上のほとんどが構成されている。効率的であるが，もしもAランク商品が競争に負けると経営への影響は甚大。リスクが高いため安定性が懸念される。	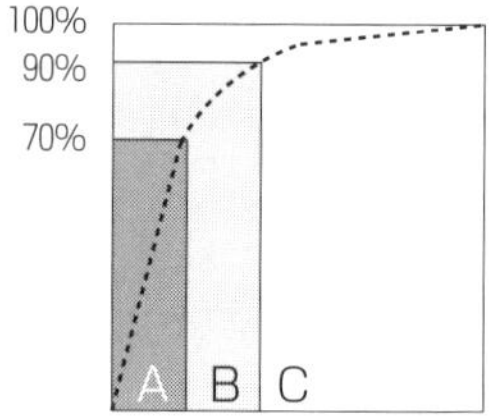 100% 90% 70%　A　B　C

エクササイズ1

　自社の商品・サービスを分析するためにカテゴリーを決め，そのカテゴリーのさまざまな商品・サービスの売上高を，70％までをA，70～90％をB，90～100％をCに分類し，グラフを作成してください。

2 3×3のクロスABC分析

要　点

☑ ABC分析は商品を3つに分類するが，クロスABC分析は2つの軸を併用
して分類する。つまり，3×3の9分類である。

(1) クロスABC分析とは

クロスABC分析は，商品を3×3の9つに分類することにより，品揃えの
意思決定を行うものである。売上高と粗利益（あるいは粗利益率）を，それぞ
れABCに分類する。

図表4-2-1 クロスABC分析

2軸ともにABCで記載した事例

商品名	売上高	粗利益（または粗利益率）	ランク 売上高	ランク 粗利益（または粗利益率）
商品1	¥○○○	¥○○○	A	A
商品2	¥○○○	¥○○○	A	B
商品3	¥○○○	¥○○○	A	C
商品4	¥○○○	¥○○○	B	A
商品5	¥○○○	¥○○○	B	B
商品6	¥○○○	¥○○○	B	C
商品7	¥○○○	¥○○○	B	A
商品8	¥○○○	¥○○○	C	B
商品9	¥○○○	¥○○○	C	C
商品10	¥○○○	¥○○○	C	A
商品11	¥○○○	¥○○○	C	B
商品12	¥○○○	¥○○○	C	C

ABCと「+」～「-」で記載した事例

商品名	売上高	粗利益（または粗利益率）	ランク 売上高	ランク 粗利益（または粗利益率）
商品1	¥○○○	¥○○○	A	+
商品2	¥○○○	¥○○○	A	
商品3	¥○○○	¥○○○	A	-
商品4	¥○○○	¥○○○	B	+
商品5	¥○○○	¥○○○	B	
商品6	¥○○○	¥○○○	B	-
商品7	¥○○○	¥○○○	B	+
商品8	¥○○○	¥○○○	C	
商品9	¥○○○	¥○○○	C	-
商品10	¥○○○	¥○○○	C	+
商品11	¥○○○	¥○○○	C	
商品12	¥○○○	¥○○○	C	-

(2) デシジョン・テーブル

2種類のABC分析を組み合わせ，デシジョン・テーブルという9マスのマトリックスに分類する。ここでは2つのサンプルを示す。売上高の大小，粗利益（または粗利益率）の大小による評価は，図表4－2－2のとおりである。

図表4－2－2 デシジョン・テーブル

AA〜CCのデシジョン・テーブル

売上高 ＼ 粗利益または粗利益率 大←→小	A	B	C
A	A-A	A-B	A-C
B	B-A	B-B	B-C
C	C-A	C-B	C-C

A+〜C−のデシジョン・テーブル

売上高 ＼ 粗利益または粗利益率 大←→小	＋		－
A	A＋	A	A－
B	B＋	B	B－
C	C＋	C	C

A-A (A＋)	売上高大－利益大（あるいは高利益率）	・売れ筋で，かつ利益貢献も高い商品。このような商品は，陳列スペースをしっかり確保して品切れを防ぐとともに，商品訴求を行うことが有効。
A-C (A－)	売上高大－利益小（あるいは低利益率）	・売れ行きはよいが粗利益に問題がある商品。このような商品は，売価設定が適正かどうかの検討が必要。 ・品出し作業などを効率化してオペレーションコストを抑える工夫も大切である。
C-A (C＋)	売上高小－利益大（あるいは高利益率）	・売れ行きはそれほどよくないが粗利益のとれる商品。このような商品は，顧客の目につきやすい位置に陳列する。 ・POPの工夫により，商品特徴を訴求する。 ・関連陳列（クロスMD）で拡販を試みる。
C-C (C－)	売上高小－利益小（あるいは低利益率）	・売り数も少なく，利益貢献も小さい商品。基本的にはカット候補として位置づけるのが妥当。 ・ただし，目的購買品は陳列し続ける。

3 品揃えのBefore ◆ Afterの比較のためのSKU分析

要　点

☑ 価格帯別の品揃えの現状把握がSKU分析である。

☑ SKUの多い／少ないと売上高比率，あるいは，陳列フェイス数の広い／狭いと売上高比率のギャップ分析である。

(1)　SKU分析とは

　既述のABC分析は「どの商品が売れているか」の重点分析である。それでは「どの価格帯の商品を売るべきか？　今の価格帯の品揃えでよいのか？」を調べるにはどうすればよいだろうか？　これを分析するのが価格帯別のSKU分析である。SKU分析は，販売前（Before）に想定していた品揃えと実際の販売結果（After）とを比較し，より顧客ニーズに近い品揃えを行うために実施する。販売前と販売後の補正（矯正）であり，PDCAの１つである。

(2)　SKU分析の手順

　SKU分析は，①品揃え状況の確認➡②販売実績の確認➡③グラフの作成➡④分析の４段階である。

①　品揃え状況の確認（図表４－３－１）

> a．商品を価格帯別に分類する。あまり細かく価格帯を区切らない。最少で4区分，最多で10区分でよい。
> b．価格帯別にSKUの個数を数える。
> c．価格帯別のSKUの構成比を計算する。

図表４－３－１ 価格帯別のSKU構成比

a ⟶ b ⟶ c

商品名	価格	価格帯
商品1	150円	200円未満
商品2	210円	200円以上
商品3	250円	200円以上
商品4	320円	300円以上
商品5	370円	300円以上
商品6	380円	300円以上
商品7	390円	300円以上
商品8	410円	400円以上
商品9	520円	400円以上
商品10	630円	400円以上

価格帯	SKU
200円未満	1
200円以上	2
300円以上	4
400円以上	3
合計	10

価格帯	SKU	SKUの構成比
200円未満	1	10%
200円以上	2	20%
300円以上	4	40%
400円以上	3	30%
合計	10	

② **販売実績の確認（図表４－３－２）**

d．実際に販売された商品の販売個数を数える。
e．価格帯別に販売個数を数える。
f．価格帯別の販売個数の構成比を計算する。

図表４－３－２ 価格帯別の販売個数の構成比

d ⟶ e ⟶ f

商品名	価格	販売数量	価格帯
商品1	150円	200	200円未満
商品2	210円	250	200円以上
商品3	250円	150	200円以上
商品4	320円	120	300円以上
商品5	370円	80	300円以上
商品6	380円	60	300円以上
商品7	390円	40	300円以上
商品8	410円	40	400円以上
商品9	520円	40	400円以上
商品10	630円	20	400円以上

価格帯	販売数量
200円未満	200
200円以上	400
300円以上	300
400円以上	100
合計	1,000

価格帯	販売数量	売上高構成比
200円未満	200	20%
200円以上	400	40%
300円以上	300	30%
400円以上	100	10%
合計	1,000	

③ グラフの作成

> g．縦軸に構成比を，横軸に価格帯をおき，2つの折れ線グラフを作成する。

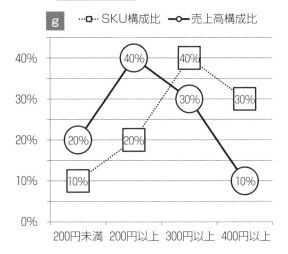

図表4−3−3 SKU分析のグラフ

g ┈□┈ SKU構成比 ━○━ 売上高構成比

④ 分析（図表4−3−4）

> h．結果を評価し，対策を講じる。

図表4−3−4 SKU分析による検討・対策

分析（4つの解釈の可能性があり，実際に売り場で実験・検証する必要がある）	
A案	300円未満の品揃えが弱いため「SKUを増やす」。
B案	300円未満の品揃えが弱いが，Aランク商品なので，「SKUは現状維持でよい」。ただし，陳列フェイス数を増やすべきかを検討する。
C案	300円以上の品揃えが多すぎる。「SKUを減らす」。
D案	すべて現状維持でよい。300円以上の品揃えが多いのは「見せ筋」であり，意図的である。300円以上のものがあるから，300円未満のものがお買い得に感じる。

なお，この分析においてSKUを「陳列フェイス数」に置き換えると，図表4－3－5のグラフのように，陳列の面積と販売量のバランスが是正できる。

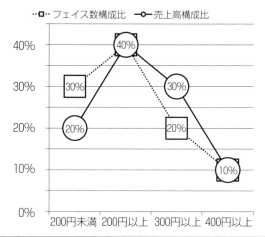

図表４－３－５ 陳列フェイス数の分析グラフ

…□… フェイス数構成比　─○─ 売上高構成比

> おおむね良い。200円未満の低価格帯のフェイスがやや広すぎる。逆に，300～400円のフェイスが販売量に比べやや狭く，窮屈である。補充頻度を考慮し，販売量どおりのフェイス数に補正すべきである。

✎ エクササイズ2

自社の商品・サービスの中で重点的に強化したいカテゴリーを決め，そのカテゴリーのSKU分析を行ってください。まずSKU構成比の分析を行い，次にフェイス数構成比の分析を行ってください。

4 1,000人当たり実績換算がPI値

要点 ・・

☑ 1,000人当たりの販売実績に置き換える指標をPI値という。

☑ 時期・場所・客数などが異なり，画一的な分析が難しい場合に，販売点数

のPI値，販売金額のPI値などを活用する。

....

(1)　PI値

　PI値とは，Purchase Indexの略である。「1,000人当たり」の販売金額ベースまたは販売個数ベースの売れ行きがPI値である（金額PIまたは点数PI）。100人しか来店しない店でも1,000人に換算して算出する。

(2)　PI値を用いる理由

　1つの店において，今年の商品の売れ行き動向を前年と比較分析する場合，商品が前年の2倍売れても客数が4倍に増加していれば，1人当たりの販売個数は伸びていないことになる。チェーンにおいて，ある商品の売れ行きの店舗間比較をする場合を考えてみよう。販売量では，100個販売したA店が1位で，80個販売したB店が2位であった。しかし，A店の客数は100人で，B店は40人である場合，A店の売れ行きはB店の半分ということになる。つまり，絶対値としての売れ行きではなく，客数も加味した相対値で分析する手法がPI値である。

(3)　PI値の算出方法

　主なPI値は，点数PIと金額PIである。計算式は次のとおりである。

点数PI＝販売"点数"÷来店客数×1,000

金額PI＝販売"金額"÷来店客数×1,000

　PI値を計算する対象は，個別の商品あるいはグルーピングした商品群（カテゴリー）である。つまり，点数PIは商品の「個別の販売点数」でもよいし，類似商品の販売点数を合計した「カテゴリー合計の販売点数」でも構わない。同様に，金額PIも個別（単品）の売上高PIでもよいし，類似商品のカテゴリー売上高PIを算出の対象にしてもよい。

⑷　PI値の分析の切り口

　PI値の比較分析の切り口は，主に「時系列比較」，「分類別比較」，「店舗間比較」の3つである。

図表4−4−1　PI値の分析の視点

時系列比較 ["When"を軸にした比較]	同じカテゴリーの現在の実績と過去の実績との比較分析
分類別比較 ["What"を軸にした比較]	異なるカテゴリーの比較分析
店舗間比較 ["Where"を軸にした比較]	他の店舗との比較分析

　なお，PI値を目標（KPI）としても活用するとよい。なぜなら客数の大小を考慮しており，公平性・納得性が高いためである。

図表4−4−2　PI値の活用

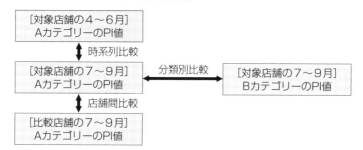

⑤　陳列の手間ひまと売上貢献度を加味した　スペース生産性分析

要　点

☑　スペース生産性分析とは，陳列補充の手間ひまと売上貢献度を加味し，売り場の広さを試算する手法である。

☑　部門をまたぐ大きなレベルではなくとも，たとえば赤ワインと白ワインと

いったカテゴリーレベルの分析にも有効である。

....

(1)　スペース生産性分析とは

　売り場面積の配分基準となるスペース生産性を基準とし，実際の売り場の広さと比較分析する。売り場の広さの単位は，「面積」,「棚の本数」,「陳列線の長さ」,「フェイス数」などが用いられる。スペース生産性分析は，売り場の広さの配分比率に対し，実際の売上が過大あるいは過小でないかを調べる分析手法である。

(2)　スペース生産性基準の算出方法

> スペース生産性基準 =（販売数量構成比＋売上構成比）÷ 2

　簡易的に，図表４−５−１のAの販売数量構成比，またはBの売上高構成比だけで算出してもよい。

図表４−５−１　スペース生産性分析の算出

	A	B	（A＋B）÷ 2
対象	販売数量構成比	売上高構成比	スペース生産性基準
野菜	35%	30%	32.5%
加工食品	25%	35%	30.0%
菓子	20%	15%	17.5%
雑貨	15%	10%	12.5%
リカー	5%	10%	7.5%
合計	100%	100%	100.0%

　売り場面積を「補充作業の頻度」で配分するのがAで，「売上高シェア」で配分するのがBである。「両方を加味する」と（A＋B）÷ 2となる。これは「カテゴリー」で分けた事例である。1つのカテゴリーに対象を絞って活用してもよい。たとえば「ペットボトル飲料」を対象に個々の銘柄の陳列フェイス数を

算出したり，リカーの中の「ビール」，「日本酒」，「ワイン」という商品カテゴリーを分析対象にすることができる。

図表４－５－２ スペース生産性分析の算出例①〜④

① 面積を基準にした場合

例：スーパーマーケット	A 販売数量構成比	B 売上高構成比	（A＋B）÷2 スペース生産性基準	売り場面積
野菜	35%	30%	32.5%	97.5㎡
加工食品	25%	35%	30.0%	90.0㎡
菓子	20%	15%	17.5%	52.5㎡
雑貨	15%	10%	12.5%	37.5㎡
リカー	5%	10%	7.5%	22.5㎡
合計	100%	100%	100.0%	300.0㎡

② 棚の本数を基準にした場合

例：書店	A 販売数量構成比	B 売上高構成比	（A＋B）÷2 スペース生産性基準	棚の本数
雑誌	35%	30%	32.5%	65本
小説	25%	35%	30.0%	60本
アニメ・漫画	20%	15%	17.5%	35本
文具	15%	10%	12.5%	25本
教育	5%	10%	7.5%	15本
合計	100%	100%	100.0%	200本

③ 陳列線の長さを基準にした場合

例：ドラッグストア	A 販売数量構成比	B 売上高構成比	（A＋B）÷2 スペース生産性基準	陳列線の長さ
ヘアケア用品	35%	30%	32.5%	130メートル
サプリメント	25%	35%	30.0%	120メートル
飲み薬	20%	15%	17.5%	70メートル

塗り薬	15%	10%	12.5%	50メートル
貼り薬	5%	10%	7.5%	30メートル
合計	100%	100%	100.0%	400メートル

④　フェイス数を基準にした場合

例：ビール 売り場	A 販売数量構成比	B 売上高構成比	（A＋B）÷2 スペース生産性基準	フェイス数
Beer A	35%	30%	32.5%	26フェイス
Beer B	25%	35%	30.0%	24フェイス
Beer C	20%	15%	17.5%	14フェイス
Beer D	15%	10%	12.5%	10フェイス
Beer E	5%	10%	7.5%	6フェイス
合計	100%	100%	100.0%	80フェイス

(3)　スペース生産性の分析事例

　図表4－5－3は，ワインの白・赤・ロゼのスペース生産性を算出し，グラフ化したものである。ヨコ軸がワインの実際の陳列本数の割合を，タテ軸はスペース生産性基準を示している。グラフ上に記した右肩上がりの直線に近いほど，スペース生産性の効率がよいことになる。グラフをみると，白ワインは販売実績（売上高と補充頻度）に対しフェイス数が多すぎ，赤ワインは，販売実績（売上高と補充頻度）に対しフェイス数が少なすぎる。つまり，白ワインのフェイス数を少なくし，赤ワインのフェイス数を多くすることが妥当である。

図表４－５－３ スペース生産性の分析事例

種類	販売数量 （本数）	売上高	A 販売数量 構成比	B 売上高 構成比	(A+B)/2 D＝理想 スペース 生産性基準	現実 実際の フェイ ス数	C フェイス 数構成比	(D－C) ギャップ
白	250	1,500	25%	30%	27.5%	80	40%	－12.5%
赤	400	2,500	40%	50%	45.0%	60	30%	15.0%
ロゼ	350	1,000	35%	20%	27.5%	60	30%	－2.5%
合計	1,000	5,000	100%	100%	100.0%	200	100%	0.0%

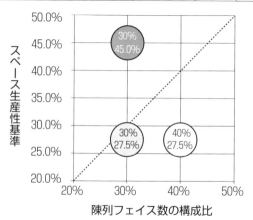

6 Competitorに学ぶ～競合店調査

要　点 ・・・

☑ 競合店調査は３Ｃ分析の一環である。

☑ 特に，プライスラインとプライスポイントの情報収集が重要である。

・・

(1) 立地分析

　店舗の立地分析は，３Ｃ分析の実践である。立地分析の主な調査対象は図表

4 - 6 - 1のとおりである。

図表4−6−1 立地分析の調査対象

競合店調査	競合店のサービスレベルの調査。別名「ストアコンパリゾン」，略してストコン。
利用者調査	自店の来店客へのアンケート調査。
通行量調査	自店の前の通行人数の調査。
商圏分析	商圏全般の調査。

　店舗を取り巻く立地の調査・分析は，ファクト・ファインディングのための重要なステップである。競合店は，時期や時間帯によって最適なサービス提供を行うなど，変化し続けている。また，顧客の購買行動もライフスタイルによって変化している。自店の実行施策の精度向上のためには，こうした情報（市場の変化）の把握は欠かせない。このような立地分析の結果をもとに，新たな計画と実行に移していく。したがって，マネジメントサイクルに置き換えると，立地分析はPDCAを並び替えた「CAPD」の「C」と「A」にあたるプロセスである。

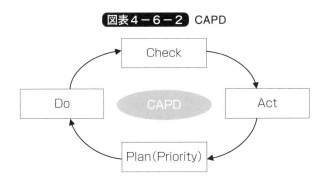

図表4−6−2 CAPD

(2)　競合店調査

　競合店調査の項目は図表4 - 6 - 3のとおりである。

図表4－6－3 競合店の調査項目

外 観	・通路から見た視認性：看板などの表示の工夫。照明。
	・店舗周りや店頭の清掃レベル。
	・駐車場の広さ：駐車可能な台数。
店舗内	・店舗面積（見た感じで広さが推定しにくい場合，タテヨコの歩数を数えておき，概算する）。
	・店内の照明の工夫。
	・空調。
	・音響（BGM）の雰囲気・特徴。
	・清掃状況。小売の場合は売り場，飲食の場合はテーブル周辺。トイレは共通。
マーケティング・ミックス（4P）	・Product：品揃え，商品の種類（SKU分析），特徴的な商品。
	・Price：主な商品・メニューの価格（後述：プライスライン＆プライスポイント分析）。
	・Place：売り場レイアウト，陳列場所（棚割り），テーブルと椅子の数，メニュー。
	・Promotion：陳列の特徴，人的プロモーション（接客販売，オーダー）やPOPの特徴，試食・試飲。
接 客	・入店時の歓迎・声かけ。
	・退店時の精算（小売の場合は，レジ台数）。
顧 客	・客層（性別，年齢層，個人・家族・グループ）。
	・店内滞在時間。
	・客単価。

(3) 競合店調査のポイント

① "When" タイミング

競合店調査は，目的に応じて調査のタイミングを考慮する（例：平日か，週末か。どの時間帯か）。たとえば，同じ日の朝・昼・夜にそれぞれ調査することで，動態的な変化を分析することもできる。

簡易な調査であれば毎日か，週に一度は実施したい。本格的な調査であれば毎月か，四半期に一度は実施したい。

②　"How much"客単価の調べ方

　競合の客単価の調べ方は大きく２種類あり，第１に，購買中の様子を観察する方法である。小売の場合は買い物カゴの中身のチェックを，飲食の場合はテーブル上の皿の様子をチェックする。第２に，レジ精算の様子を観察する。レジ精算の様子を10〜30人程度，観察し傾向を知る。あるいは，精算済みのレシートがあれば回収する。

③　"How old"顧客の年齢の調べ方

　競合店の顧客の年齢層は，見た目だけで判断するしかない。もしも判別しにくい場合，若い＝学生・独身・OL，ミドル＝中年，シニア＝年配というように大きく３区分するとよい。

⑷　プライスライン＆プライスポイント分析

①　プライスライン，プライスポイントとは

　プライスラインとは売価の種類のことである。たとえば，シャツの価格帯を1,980円，2,480円，2,980円，4,980円などの４種類に分けることで，プライスラインの中で一番多く売れているものをプライスポイントといい，プライスラインの上限と下限の幅のことをプライスゾーンと呼ぶ。1,980円〜4,980円といった価格帯がプライスゾーンである。

　プライスラインをあまりにも多く設定すると顧客は混乱し，商品を選びにくくなる。プライスゾーンが狭いほうが，商品の価格帯が絞り込まれており，顧客にとってはその店舗のイメージが明確になる。高業績の店舗はプライスラインの種類を少なくし，代わりにプライスポイント（最も売れている価格）に充実した陳列を行うことが多い。低業績の店舗は，的を絞り込めずプライスラインが多くなり，プライスゾーンが拡大し，よろず屋的になる傾向がある。

②　プライスライン＆プライスポイント分析

　初めにプライスラインとプライスポイントを確認する。このとき，商品カテ

ゴリーごとに集計・分析する。なぜなら，肉と炭酸飲料と下着を混ぜて集計しても分析ができないからである。図表4－6－4のグラフでは，タテ軸に陳列フェイス数（小売）あるいはメニュー点数（飲食）をとり，ヨコ軸にプライスラインを設定する。ヨコ軸の目盛間隔は任意であるが，精緻すぎると煩雑なので最大10段階にする（デシル分析）。

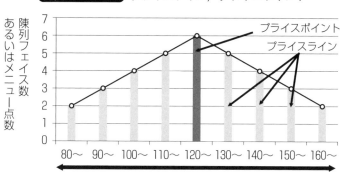

図表4－6－4 プライスライン，プライスポイント

③ プライスラインとプライスポイントの解釈

図表4－6－5のAとBのプライスポイントは同じ「120〜」である。しかし，Aは低い価格帯の商品が多いため全体的に価格が安い印象を与え，Bは高い価格帯の商品が多いため全体的に価格が高い印象を与える。

図表4－6－5 プライスライン＆プライスポイントの分析

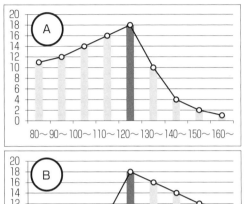

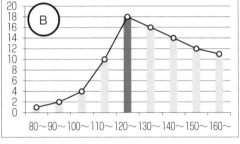

　プライスラインとプライスポイントの活用対象は，自店と競合の品揃えの分析である。以下に，競合分析の切り口を示しておく。

図表4－6－6 プライスライン＆プライスポイントの活用

プライスポイントの高低	最も主力となる価格は？
プライスラインの本数	販売価格の種類の多少は？
プライスラインの分布	価格ごとの傾斜配分は？
プライスゾーンの幅	品揃えすべき価格帯は？
価格政策	自社は競合の価格帯との競争を回避すべきか？　同質化すべきか？

(5) SKU分析

　SKU分析では，価格帯は考慮せず，「カテゴリー別のSKUの数のみ」を調査する。どのカテゴリーを重点的に品揃えしているのかが特定でき，店舗の性格（コンセプト，傾向）がわかる。カテゴリー以外の項目（例：サイズ，衣類の場合は色，メーカー・ブランド名，産地，製法など）を対象に，店舗間で比較してもよい。

図表4－6－7　SKU分析の活用

- D店はフルラインで豊富な品揃え
- A店＝麺類に重点
- B店＝パン類に重点
- C店＝ご飯類に重点
- E店＝スープに重点

〈SKU〉	A店	B店	C店	D店	E店	平均
スープ	7	8	7	12	11	9.0
ご飯類	9	9	10	14	7	9.8
パン類	7	10	5	11	8	8.2
麺類	10	6	5	12	7	8.0
合計	33	33	27	49	33	35.0

〈SKU%〉	A店	B店	C店	D店	E店	平均
スープ	21.2%	24.2%	25.9%	24.5%	33.3%	26%
ご飯類	27.3%	27.3%	37.0%	28.6%	21.2%	28%
パン類	21.2%	30.3%	18.5%	22.4%	24.2%	23%
麺類	30.3%	18.2%	18.5%	24.5%	21.2%	23%
合計	100.0%	100.0%	100.0%	100.0%	100.0%	

7 Customerに学ぶ～利用客調査（満足度,売り場問合せ）

要　点 ………………………………………………………………

☑　利用客へのアンケートは重要であるが，来店意向のある顧客が対象であるので，回答が肯定的になりやすい。

☑　何気なく行われている「売り場案内」も重要な情報源である。

………………………………………………………………

(1)　利用客アンケート

　利用客に直接質問し，利用者の声から事実を明確にする。アンケート回収数の目安は，1日の平均来店客数または300人を目指す。

　商品の棚卸しをするように，顧客の来店動機も棚卸しする。

　いわばファン投票である利用客アンケートを数年間継続して実施すると，時系列で顧客の変化がわかる。ただし，回答は好意的な結果になりやすい。なぜなら，回答者はそもそもその店を利用しようという動機があり，アンケートに回答しようという意欲のある顧客だからである。

図表4－7－1 利用客アンケート例

質問項目例

1. ご来店する前にどちらにいらっしゃいましたか（　　　　　　　　　）
2. これからどちらに行かれますか（　　　　　　　　　）
3. 当店のご利用頻度はどのくらいですか
   ①週に2～3回　②週1回　③2週に1回　④初めて
4. 本日のご来店手段は何ですか
   ①徒歩　②自転車　③車　④バイク　⑤タクシー
5. 当店の折り込みチラシはご来店の参考になっていますか
   ①参考になる（いつも見る）　②どちらともいえない（時々見る）
   ③参考にならない（見ない）
6. どちらの新聞を購読されていますか
   （　　　　　　　　　　　　　）・　購読なし
7. 当店で，満足してご利用いただける点
   ①立地・アクセス　②品揃え　③価格　④レジ待ち時間
   ⑤接客応対　⑥店の雰囲気　⑦駐車場　⑧その他（　　　　　）
8. 当店への不満点，改善を要する点
   ①立地・アクセス　②品揃え　③価格
   ④レジ待ち時間　⑤接客応対　⑥店の雰囲気
   ⑦駐車場　⑧その他（　　　　　）
9. 当店以外にご利用になる店はどちらですか，利用順位もおきかせください
   （店名：　　　　　順位：　　）（店名：　　　　　順位：　　）
   （当店：　　　　　順位：　　）

　　　　　　　　　　　　ご協力ありがとうございました。

(2)　売り場問合せの集計

　顧客は目当ての商品が見つからない場合，店員に質問する。顧客から質問を受けた小売店の多くは，売り場を教えて終わりである。実際には「あの商品はよく売り場を聞かれる」ということを当然視している場合が多い。売り場の問合せが多いということは，露出度を高めるともっと需要を喚起できる可能性が

あるということを意味している。

　そこで，売り場問合せがあった場合，質問された商品を集計することで，強化すべき商品がクローズアップされる。「よく売り場を聞かれる商品」というアンケートを店舗スタッフに記入してもらってもよい。集計によって，問合せの多い売り場ランキングの上位商品の露出度を高めるために，下記のような手立てを行う。

- 陳列場所を変更する。
- 陳列場所を増やす（複数の売り場に陳列する）。
- 表示物で強調する（POP）。

図表4－7－2 売り場問合せの集計

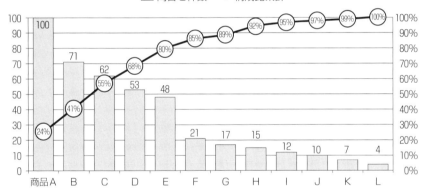

凡例: □ 問合せ件数　−○− 構成比累計

商品A: 100 (24%)
B: 71 (41%)
C: 62 (55%)
D: 53 (68%)
E: 48 (80%)
F: 21 (85%)
G: 17 (89%)
H: 15 (92%)
I: 12 (95%)
J: 10 (97%)
K: 7 (99%)
L: 4 (100%)

⊻ エクササイズ3

　自社の店舗や売り場の中で重点的に強化したいカテゴリーを決め，そのカテゴリーのプライスラインの設定とプライスポイント分析を行ってください。自社はもちろん，競合店との比較分析も行ってください。

8 Customerに学ぶ〜商圏分析

要　点 ....

☑ 商圏分析とは，顧客の分布（広さと濃さ（密度））を調べるために行う。

☑ 得られた調査結果は商圏を広げるためではなく，より深く耕すために活用する。

....

(1) 商圏は時間距離

　商圏は直線的な半径の円ではなく，交通手段と時間で考えるとイメージが湧きやすい。たとえば，郊外型の飲食店やコンビニエンスストア，食料品スーパーであれば，徒歩や車で5分程度までの顧客による売上高が多くを占める。食料品スーパーなどの日用品を自転車で買い回る場合，10分以内が相場である。大規模な商業施設であれば車で20分は可能だ。

　徒歩の場合，1分間に70メートル歩くとすると5分で350メートル，10分で700メートルが商圏になる。自転車の場合，時速12キロだとすると10分で2キロが商圏になる。車では，平均時速30キロだとした場合，10分で5キロ，20分で10キロが商圏になる。交通手段が何であれ，途中に踏み切りや坂道，一方通行などがあり，これらを加味すると，上記のアクセス時間となる。つまり，商圏とはキレイな「円」ではない。したがって，たとえば「商圏は半径1キロメートル」といった画一的な定義は無意味である。

(2) 商圏分析の目的

　新規出店の場合，当然ではあるが，商圏分析は新店舗の出店を成功させるために行う。つまり，新店舗の出店精度の向上が目的である。既存店で商圏分析を行う目的は，自社（Company）の顧客（Customer）の分布および競合（Competitor）による影響を確認するために行う。つまり，3C視点のファク

ト・ファインディングであり，PDCAのCに相当する。

　目的は第1に，販促を効果的に行うことである。顧客のエリア分布を正確に把握することで，たとえばチラシ配布エリアやポスティングのムダが減る。第2に，もしも自店の業績が厳しい場合，不振店活性化の手掛かりを得ることができる。

　たとえば，不振要因が「商圏の広さの不足」，「立地そのものが悪い」，「立地は良いが営業力不足で競合に負けている」，「店構えが悪い（例：駐車場が狭い，目立たない）」など，不振理由を絞り込む。そして，競合と自社との中間地域の奪回作戦を講じる，あるいは店舗認知が不十分と思われるエリアに重点的に販促を投入するなどの実行策へと移る。

　この場合，広く浅く販促するよりも，重点エリアに繰り返し販促するほうが有効である。顧客層を薄く広げるよりも，しっかりとした固定客を増やし，足元のシェアを高めることが一番である。政治家（議員）の選挙と同様に，選挙基盤である地元の支持率を高めることが最優先事項である。つまり，商圏は「固定客による支持度合い」であるといえる。

　なお，商圏内の平均的な世帯の入れ替わりについて言及しておきたい。早い話が，引っ越しする割合である。学生時代の下宿から，就職のために引っ越し，結婚により引っ越し，子どもが生まれ，家族が増え，やがて子どもが大きくなり，小学校や中学校，高校入学の学区や通学エリアを考慮し引っ越す。こうした家族構成やライフスタイルの変化に応じて人が引っ越しをする割合は，1年間に5％前後である。つまり，1年後に同じ表札の家は95％である。25〜34歳では毎年，実に1割が転居する。継続的に新しい顧客を獲得するためにも，商圏の勢力分布の把握が必要である。

図表４−８−１ 日本の転居率

年代	2000年～2005年の単年度平均の転居率
20～24歳	8.9%
25～29歳	10.9%
30～34歳	11.0%
35～39歳	8.4%
40～44歳	5.8%
45～49歳	4.2%
50～54歳	3.4%
55～59歳	2.9%
60～64歳	2.4%
全体	**5.6%**

出所：総務省国勢調査および人口移動集計より筆者作成

(3) 商圏分析の実際

　商圏を把握するために，ドットマップの助けが必要になる。ドットマップづくりのための住所の入手方法としては，店舗が発行するカード類，配送記録，顧客アンケートによる住所の収集などである。なお，オフィス，職場利用が多い商業施設では自宅住所は意味がなく，勤務先住所を取得する。

　マップ（白地図）とシールを活用することが得策である。自店の商圏範囲を想定し，少し広めの範囲が入る地図をボードに貼り，小さなシールを用意して「よろしければお住まいの位置にシールを貼ってください」と声かけする。ビジネス街などでは，自宅ではなく職場の位置に貼ってもらう。1日でもボードはかなりの数のシールで埋まる。来店時間や顧客の属性（性・年代），来店手段など，目的に応じてシールの色や形を変えてもよい。

　収集するサンプル数の目標は200～300人で，少なくとも70人はほしい。ドット（マーク）は半分重なってもよいので，少しずつずらしながら貼る。でき上がったドットマップはキレイな円型にはならない。

図表4-8-2 ドットマップの作成

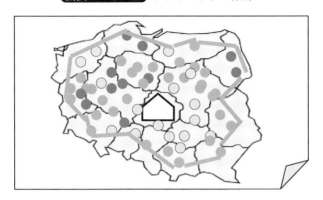

9 通行人に学ぶ〜通行量調査

要　点 ....

☑ 店舗前の通行量を定量的に把握している小売・サービス業は少ない。定点
観測での時系列データがあると，店舗前の通行人数が減ったのか，入店率
が下がっているのか，といった課題を明確にすることができる。

....

　売上高が伸びない場合，利用客数を増やすことが必要である。利用客数を増
やすためには店に入ってくる人数を増やす必要がある。入店客数が伸びない場
合，店舗前通行人数に問題があるのか，入店率に問題があるのかを特定する必
要がある。そこで，店舗前の通行人数の調査が行われる。

図表４－９－１ 売上高の因数分解

```
                    ┌──────────────┐
                    │  売上高アップ  │
                    └──────────────┘
              ┌────────────┴────────────┐
        ┌──────────┐              ┌──────────┐
        │ 客単価を  │              │ 利用客数  │
        │  上げる   │              │ を増やす  │
        └──────────┘              └──────────┘
         ┌────┴────┐            ┌────────┴────────┐
    ┌──────┐ ┌────────┐   ┌────────┐        ┌────────┐
    │一品単価│ │買上点数 │   │入店客数 │        │買上率   │
    │を上げる│ │(注文点数)│   │を増やす │        │(注文率) │
    └──────┘ │を増やす │   └────────┘        │を増やす │
             └────────┘                      └────────┘
```

店舗前通行量 × 入店率	商圏人口 × 来店頻度	セルフでの買上率・注文率の向上	接客による買上率・注文率の向上

入店率を上げる	通行人数を増やす ※コントロール不可能	来店頻度を上げる	商圏人口を増やす ※コントロール不可能	セルフでの買いやすさの向上	接客による販売力の向上

　開店時間や閉店時間の見直しのためにも通行量調査は必要である。目視でカウントするため，《男・女》×《成人・学生》の４区分程度を基本に時間帯別に集計する。平日と週末の調査も必要である。ロードサイドの場合は，移動手段の調査も行う（自動車・バイク・自転車・徒歩）。

　もしも，過去の通行量調査と同程度の人数が店舗前を通過していて，利用客数が減少している場合，自店の競争力（魅力）が低下していることになる。自店はもちろん，競合店の通行人数を調査する場合，入店人数も把握したい。

図表4－9－2 通行量調査の集計用紙例

自店	平　日						週　末					
	男　性			女　性			男　性			女　性		
	学生	成人	計	学生	成人	計	学生	成人	計	学生	成人	計
8:00～												
9:00～												
10:00～												
11:00～												
12:00～												
13:00～												
14:00～												
15:00～												
16:00～												
17:00～												
18:00～												
19:00～												
20:00～												
21:00～												

競合店	平　日						週　末					
	男　性			女　性			男　性			女　性		
	通行	入店	計	通行	入店	計	通行	入店	計	通行	入店	計
8:00～												
9:00～												
⋮												
⋮												
20:00～												
21:00～												

10 「フェルミ推定」は根拠あるエイヤー

要　点 ···

☑ フェルミ推定とは雲をつかむような数値を概算すること
☑ 最終的には「エイヤー」だが計算プロセスは可能な限り論理的に

···

(1) フェルミ推定とは

　フェルミ推定（Fermi Estimate）とは，実際の調査は困難で，捉えどころ
のないような数量（直感でイメージしにくい数値）を，いくつかの手掛かりを
もとに論理的に推論し概算値を試算することである。いわば「根拠ある定量的
なエイヤー」である。ノーベル物理学賞を受賞したエンリコ・フェルミが，概
算値推計を得意としていたことに由来し「フェルミ推定」と呼ばれている。

　たとえば「日本国内の靴の小売市場規模を試算したい」場合，日本国内の靴
の販売額を算出する必要がある。靴の利用率は100％なので，日本の人口（1億
2,000万人）に「年間の靴購入回数」と「靴の平均単価」をかければ，推計値
が算出できる。図表4-10-1では，年間2回購入し，単価を5,000円として
試算した結果，1兆2,000億円との試算値となった。

図表4-10-1 日本国内の靴の小売市場規模の試算

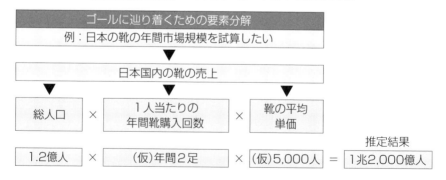

　重要なのは，個々の数値そのものよりも，計算プロセスである。図表4-10-2は計算イメージだが，全体を俯瞰し，市場全体の切り分け方を検討し，計算式を考えていくのが主だったプロセスである。

図表4-10-2　フェルミ推定の計算イメージ

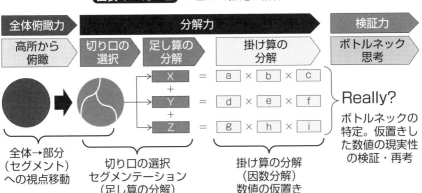

　どうしてもヘビーユーザーの人数や，ライトユーザーの規模のイメージがつかめない場合は，仮置きの数値として，ロジャースの普及モデルの数値（比率）を便宜的に用いてもよい。

【再掲】図表2-8-1　ロジャースの普及モデル

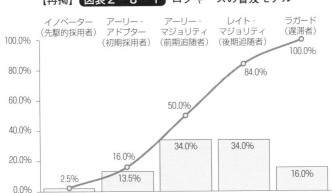

(2) フェルミ推定の例題

ここでは，フェルミ推定の考え方に馴染んでもらうために，いくつかの例題をみていただきたい。

図表4－10－3 フェルミ推定の例題

	例題	考え方	推定結果
1	自分と同じ生年月日の日本人の人数	①年齢別人口×②同じ生年月日の確率 ①…1.2億人÷80(年齢)＝約150万人 ②…(1日／365日)＝約0.3%	①×② 約4,500人
2	中学校の校数	①中学生総人数÷②中学校1校当たりの生徒数 ①…1.2億人÷80(年齢)×3(年齢)×出生率(子供1.5人／夫婦2人) ①÷360万人 ②…1クラス30人×4クラス×3学年＝360人	①÷② 1万校
3	地球上でいまトイレに入っている人数	①世界人口×②トイレにいる時間的確率 ①…80億人 ②…トイレで過ごす時間÷24時間 　(仮に合計10分)÷24時間(1,440分)＝約0.7%	①×② 5,600万人

エクササイズ4

	エクササイズ	考え方	推定結果
①	ランドセルの市場規模(億円)		
②	日本の国土面積(平方キロメートル)		

③	国内で1年間に消費される歯ブラシの本数		

コラム　　国内の拠点数

　下表は，日本国内の主要な生活拠点や小売・サービス業の拠点数である。徒歩圏に立地していることが多い郵便局や小学校，セブンイレブンは約2万か所以上，立地している。下表のなかで，最も重要なのは中学校の約1万である。世の中のさまざまな情報で，数千～数万の単位のニュースがあれば，中学校≒1万を思い浮かべると，密度や距離感のイメージをつかみやすい。宅配便のマーケット・リーダーであるヤマト運輸の荷物を発送できる窓口は郵便ポストの2倍近く，中学校の約30倍の30万か所も存在している。そのヤマト運輸が宅急便事業を開始した際，自社の配送センターの設置目標を警察署と同数の1,200拠点としたそうである。警察署は車で半径30分以内に設置しているという情報があり，ヤマト運輸もこれにならったそうである。

国内の拠点数

ヤマト宅急便の取扱拠点	約300,000
郵便ポスト	約180,000
歯科	約60,000
コンビニエンスストア店舗数	
給油所（SS）	約25,000
保育園	
郵便局	
セブンイレブン	約20,000
小学校	
ドラッグストア	
スーパーマーケット	
松下電器（パナソニック）の系列販売店	約15,000
交番・派出所	
中学校	約10,000
幼稚園	

高校	約5,000
ホームセンター	
マクドナルド	約3,000
家電量販店	
スターバックス	約2,000
すき家	
警察署	約1,200

第5章

サービス・マーケティングと顧客満足度

顧客の満足・不満足の原因と結果

1 サービス・マーケティングでは"コト"を扱う

要 点 ‥‥‥‥‥‥‥‥‥‥‥‥‥‥‥‥‥‥‥‥‥‥‥‥‥‥‥‥‥‥‥‥‥‥

☑ 製造業の"モノ"の付加価値を上げるマーケティングとは異なり,在庫できない"コト"を扱うサービス・マーケティングでは,付随機能的な種々のサービスの巧拙が重要である。

‥‥‥‥‥‥‥‥‥‥‥‥‥‥‥‥‥‥‥‥‥‥‥‥‥‥‥‥‥‥‥‥‥‥‥‥‥

(1) サービス業の特性

　サービス業では,"サービスならではの特性"を踏まえてマーケティングを展開しなければならない。そのサービスの特性とは,"付随機能"としてのサービスを意味する。たとえば,「接客サービス」,「ドリンク・サービス」,「味付けを顧客の好みに応じて変えるサービス」,「配達サービス(ポーター・サービス)」,「驚きのサービス(感動,喜び)」,「ホスピタリティあふれるサービス」などである。

　通常の有形製品(製造業)と異なり,サービス(サービス業)ならではの4大特性は図表5－1－1の「SHIP」である。

図表5－1－1 サービス業のSHIP特性

S	同時性(不可分性) Simultaneity (Inseparability)	生産と消費(販売)が同時に発生する。顧客がいないとサービスを提供できないため,顧客との協同作業でもある。
H	異質性 Heterogeneity	品質を標準化することが難しい。顧客に応じて個別対応が必要である。TPO(Time, Place, Occasion)によって,サービスの品質が異なる。たとえば,「混雑するときと暇なときが混在する」,「サービス提供者によってサービスの内容や質が異なる」,「他の利用客の影響も受ける」などである。
I	無形性 Intangibility	形がない。見えない。モノではなく,コトである。
P	消滅性 Perishability	保存ができない。在庫できない。時計の針が戻せない。

⑵　マーケティングの7P

　従来のマーケティング・ミックスの4P（プロダクト，プライス，プレイス，プロモーション）に3つのPを新たに加え，7Pでサービス・マーケティングを考える。新たな3Pとは，①参加者（Participants），②特徴の視える化（物的証拠：Physical evidence），③業務プロセス（Process of service assembly）である。自社のマーケティング・ミックスの4Pが競合の4Pに劣っていない場合で，自社の売上が伸びないときには，新たな3Pに問題がないかに着目すべきである。

図表5－1－2　マーケティングの7P

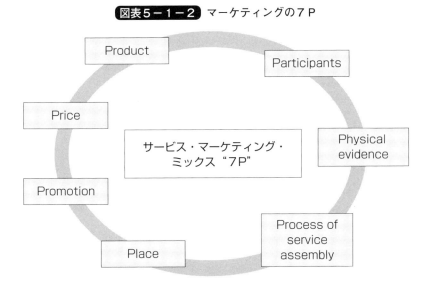

①　参加者（Participants）

　サービス業では，利用者である自分以外の人（参加者）の影響を受ける。参加者（Participants）は3つのPから成り立ち，要員（Personnel），人（People），協力会社（Partner）で構成される。

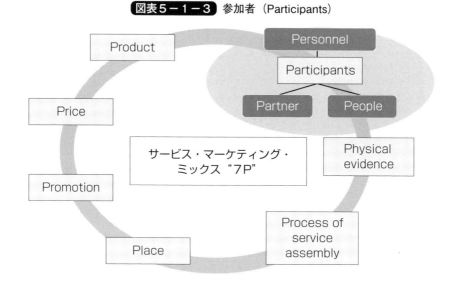

図表５－１－３ 参加者（Participants）

要員（Personnel）とは従業員のことである。たとえば，レストランの予約係や接客係，ソムリエのような，企業と顧客の間の接客要員はマーケティング上の重要な要素である。

人（People）は顧客を指す。レストランでは，そこで出される料理だけでなく，他の顧客（参加者）の存在がマーケティングや顧客満足に影響を及ぼす。たとえば，「客層」が「客層」を決めることがある。家族連ればかりのレストランに単身者は入りにくい。女性客ばかりの店に男性は入りにくい。スーツ姿の顧客が多い店舗にジーンズでは入りにくい。あるいは，賑やかな顧客の存在が周囲の顧客に影響を及ぼし，業績に影響も及ぼす。賑やかな顧客がメリットになる場合は店に活気をもたらし，逆にデメリットの場合は落ち着くことができないために，他の客の滞在時間を短くしてしまう。

協力会社（Partner）は取引先（関係会社）の従業員を指す。参加者（Participants）とは，協力会社までを含め，自社のビジネス環境において顧客にサービスを提供するすべての要員を指している。たとえば業務上，自社のサポートを依頼した協力会社の対応が悪ければ，当然，自社と顧客との関係が悪

くなる。顧客にとっては，自社か協力会社かといったことは一切関係がない。なぜなら，協力会社の対応力までを含めた管理責任は自社にあるからである。

図表5－1－4 参加者（Participants）

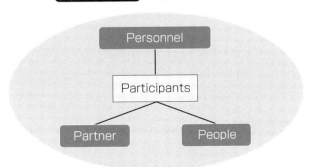

② **特長の視える化（物的証拠：Physical evidence）**

特長の視える化（物的証拠：Physical evidence）は，店舗（Hard）と商品（Soft）の2つで構成される。外食産業やホテル・旅館などでは，特に重要である。店舗では，店の雰囲気を形成する内装・外装・小物類などがそうである。たとえば，店頭では照明やメニュー，店内ではテーブルや椅子などの調度品やあらゆる食器，およびテーブルに置かれているメニューの形状などもそうである。空間的な要因も重要で，照明，BGM，匂い（店頭・店内・トイレ）はもちろん，従業員の制服も含まれる。

商品としては，安全・安心の保証が最重要である。たとえば，食のトレーサビリティーによる明確な産地表示，環境に配慮した商品であることの表示，商品や食材の彩りや香りなどである。食品偽装により信頼を失墜させた飲食店やホテルでは客足が遠のき，結婚式のキャンセルや企業主催の催しのキャンセルなども発生する。

③ **業務プロセス（Process of service assembly）**

業務プロセスとは，顧客にサービスを提供するさまざまな方法のことであり，

その集合体がサービス全体の提供プロセスである。たとえば，ユーザーのオペレーションをもっとサポートしようとするならば，顧客窓口の改善が必要になる。外食のサービス現場のプロセスで考えると，予約時のプロセス，来店時のプロセス，客席への誘導のプロセス，料理やワインの注文をとるプロセス，配膳のプロセス，支払のプロセスなどに細分化される。顧客の目に見える表のプロセスも，顧客には見えない企業内の仕組みとしてのプロセスも，いずれも重要である。

図表5－1－5は，特長の視える化（物的証拠：Physical evidence）について，業務プロセス（Process of service assembly）に分解した事例である。

図表5－1－5 業務プロセス（Process of service assembly）

サービスの プロセス	都会的な レストランA	日本風の料亭B	高級感ある レストランC
BGM	ジャズ	静寂	ピアノの生演奏
顧客を迎える	ガラスの自動ドア	木と障子の引き戸の玄関	重厚な玄関にドアボーイが丁重にお迎え
席に案内する	高層ビルからの景色が見える	日本庭園が見える	都会にあるが，隔離された空間
メニューを渡す	お洒落なメニュー	メニューの表紙は木	事前にメニューは注文済み
注文をとる	コースメニューが中心になる	単品の注文をとる	飲み物や追加の品を確認する
ファーストドリンクを用意する	食前酒はシャンパン	食前酒はビール	食前酒はワイン
料理を配膳する	一品ずつ料理を出す	注文された料理をどんどん出す	出すタイミングは，顧客1人ひとりの食事のペースに合わせる
メインディッシュ	鶏肉料理	寿司・天ぷら	ステーキ

(3) サービス・マーケティング

サービス・マーケティングを「インターナル・マーケティング」,「インタラクティブ・マーケティング」,「エクスターナル・マーケティング」の3つの視点で捉える。これは,顧客の満足度向上のためには,顧客向けのマーケティングだけではなく顧客と接点を持つ従業員とのコミュニケーション,および従業員の満足度向上が重要であるという考え方に基づくものである。

図表5－1－6 サービス・マーケティング

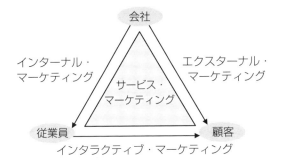

サービス現場の従業員の仕事への満足度（やりがい）は,インターナル・マーケティング,インタラクティブ・マーケティングで構築される。

利用者のロイヤルティはエクスターナル・マーケティングにより高められ,「買ってよかった」,「次回も買いたい」というリピート利用が促進される。

図表5−1−7 サービス・マーケティングのポイント

インターナル・マーケティング	・企業と従業員のコミュニケーション。 ・自社内の従業員を対象にしたマーケティングのこと。顧客のロイヤルティを高めるためには，まず顧客にサービスを提供する従業員のロイヤルティを高めなければならないという考え方。経営者と社員・店員の認識を一致させること。目標（What），目的（Why），方法（How）といった会社（あるいは経営者・店長）の思いをきちんと従業員に共有・浸透させること。
インタラクティブ・マーケティング	・従業員と顧客のコミュニケーション。 ・自分の会社の商品の魅力を店員が顧客に上手に「伝える」こと。逆に，接客の際の顧客の発言や表情から情報（顧客ニーズ）を獲得すること。
エクスターナル・マーケティング	・経営者（会社）がお得意先・お客様に対して行うコミュニケーション。 ・広告・広報活動・CSRが該当する。

2 サービス・プロフィット・チェーンによるCSとESの連鎖

要　点

☑　顧客満足と従業員満足の連鎖の因果モデルがサービス・プロフィット・チェーンである。

☑　サービス・プロフィット・チェーンは，サービス業における分析のアセスメントツールとして利用できる。

⑴　サービス・プロフィット・チェーンとは

　従業員の満足・ロイヤルティ・生産性，サービスの価値，顧客の満足・ロイヤルティ，企業の利益と成長を関係づけた概念（Harvard Business SchoolのJ.S. Heskett教授らが提唱）。企業に対する従業員のロイヤルティがサービス価値を高め，高まったサービス価値により顧客のロイヤルティが高まり，結果的に企業の収益を生む「好循環」につながるという循環モデルである。

図表5−2−1 サービス・プロフィット・チェーン

(2)　サービス・プロフィット・チェーンの用い方

　サービス・プロフィット・チェーンは，7つの因果関係から構成されている。経営課題の対策を打つ際の大局的なアセスメントツールとして，サービス・プロフィット・チェーンの活用が有効である。

図表5−2−2 サービス・プロフィット・チェーンの原因と結果

		原　因	結　果
1	企業の社内サービスの質が，従業員満足に影響を与える。	社内サービスの品質 (Internal Service Quality)	従業員の満足 (Employee Satisfaction)
2	高い従業員満足が，高い従業員ロイヤルティ（定着率）を生む。	従業員の満足 (Employee Satisfaction)	従業員の定着率 (Employee Retention Rate)
3	高い従業員ロイヤルティが，従業員の生産性を高める。	従業員の定着率 (Employee Retention Rate)	従業員の生産性 (Employee Productivity)
4	高い生産性が，サービスの価値を高める。	従業員の生産性 (Employee Productivity)	顧客サービスの価値 (Customer Service Value)
5	高いサービス価値が，高い顧客満足を生む。	顧客サービスの価値 (Customer Service Value)	顧客の満足 (Customer Satisfaction)
6	高い顧客満足が，顧客ロイヤルティを高める。	顧客の満足 (Customer Satisfaction)	顧客のロイヤルティ (Customer Loyalty)
7	高い顧客ロイヤルティが，企業の業績向上につながる。	顧客のロイヤルティ (Customer Loyalty)	収入増加 (Revenue Growth)， 利益性向上 (Rise in Profitability)

　なお，「企業の社内サービス」は，①職場環境の整備，②職務の設計・開発，③選抜と育成，④報酬と承認，⑤顧客サービスのためのツールの整備の5つが主要因とされる。

図表5-2-3 サービス・プロフィット・チェーンの連鎖

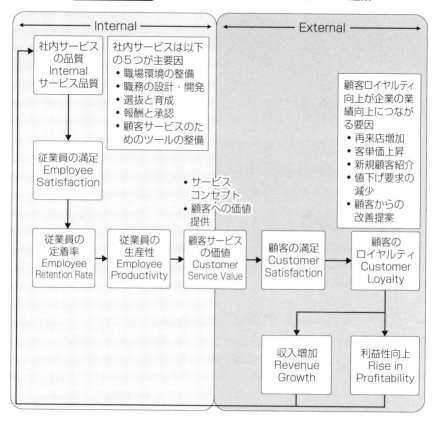

　上記のうち，顧客ロイヤルティ向上が企業の業績向上につながる要因を分析すると，①リピート顧客の増加促進，②他のサービスの購買促進（1人当たり購買単価の上昇），③クチコミによる集客効果促進，④高価格の受容（値下げ要求の減少，価格への信頼），⑤サービスのレベルアップにつながる顧客からの情報のフィードバックが得られる，といった5つが作用している。

顧客のロイヤルティの向上		企業の業績の向上
	① リピート顧客の増加促進	
	② 他のサービスの購買促進（1人当たり購買単価の上昇）	
	③ クチコミによる集客効果促進	
	④ 高価格の受容（値下げ要求の減少，価格への信頼）	
	⑤ サービスのレベルアップにつながる顧客からのフィードバックが得られる	

エクササイズ1

サービス・プロフィット・チェーンを用いて，自社の現状を分析してください。

	サービス・プロフィット・チェーンの要素	自社の現状
1	社内サービスの品質 ①職場環境の整備 ②職務の設計・開発 ③選抜と育成 ④報酬と承認 ⑤顧客サービスのためのツールの整備	① ② ③ ④ ⑤
2	従業員の満足	
3	従業員の定着率	
4	従業員の生産性	
5	顧客サービスの価値	
6	顧客の満足	
7	顧客のロイヤルティ	
8	収入（売上高），利益性	

③ 顧客満足の原因と結果

要 点 ....
- ☑ 顧客の満足・不満足は，サービスの絶対的な良し悪しだけではなく，相対的な「事前期待」も影響している。
- ☑ 顧客満足度の高い企業は利用者の回答のバラツキが小さく，評価割れする企業は顧客満足度が低い。
....

(1) 顧客の満足・不満足の発生原因

　顧客の満足・不満足は，顧客が抱く事前期待に大きく左右される。事前期待より事後の結果（提供されたサービスの内容）が上回れば「満足」，事前期待より事後の結果が下回れば，期待を満たしておらず「不満足」である。つまり，事前の期待と結果（事後の価値評価）のシーソーのような相対関係が，顧客の満足・不満足を生んでいる。

図表５－３－１ 事前期待と結果のギャップ

顧客満足
　＝ 事前の期待 ⬌ 結果（事後の価値評価）の相対関係
　＝ 結果（事後の価値評価）－事前の期待

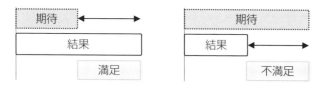

(2) 事前期待の理解が重要

　顧客はさまざまな企業のサービスを経験し，その経験から自分なりの「事前

期待」を抱いている。事前期待は，顧客の満足・不満足の分岐点（真因）である。顧客の「事前期待」を把握する重要な方法は，自社や（直接的な）競合のサービスレベルの調査はもちろん，異業種のサービスレベルも把握することである。満たすべき「事前期待」をきちんと把握したうえで，自社がどのようなサービスを提供すれば顧客に喜んでもらえるのかを考えることが大切である。

　厄介なことに「事前期待」は，時間（顧客の経験）とともに上昇していく。サービス提供者の宿命として，顧客の「事前期待」の高まりに負けないように，時間とともにサービスレベルを上げ続けていかなければならない。

図表5－3－2 事前期待の高まり

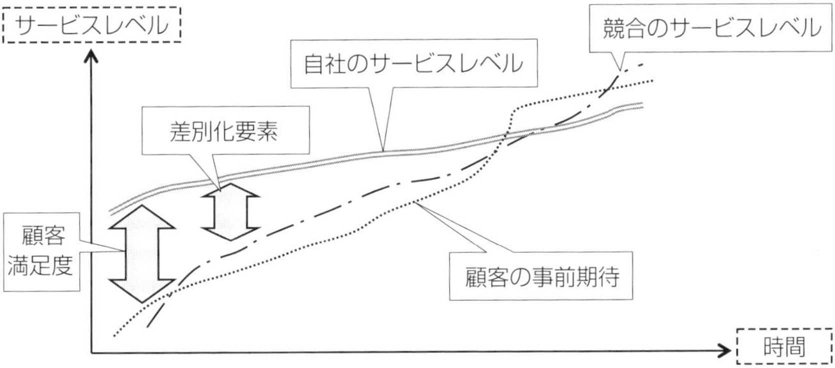

(3)　顧客満足とバラツキの逆相関

　公益財団法人日本生産性本部（https://www.jpc-net.jp/）のサービス産業生産性協議会（https://www.service-js.jp/）では，日本の小売・サービス業約30業界・約400社を対象に顧客満足度調査（JCSI：Japan Customer Satisfaction Index）を実施している。回答者は実際にサービスを利用した顧客で，1社当たり300人である。

　図表5－3－3のグラフは過去の調査結果の一例で，散布図内の1つひとつのドットは企業である。タテ軸は「顧客満足度（CS）」の高低を示し，ヨコ軸は回答の標準偏差の大小，つまり回答者の評価割れ度合いである。

　分布の特徴を４つの象限に分けて考えてみると，象限１は顧客満足度が高く，回答の評価割れが大きいゾーンである。言い換えると，顧客満足度が高い企業で評価割れしている企業はほとんど存在しない。象限２は顧客満足度が高く，回答の評価割れが小さいゾーンである。顧客満足度が高い企業は，回答の標準偏差が小さく，回答者の認識が一致傾向にある。象限３は顧客満足度が低く，回答の評価割れが小さいゾーンである。この象限３に位置する企業はわずかである。端的にいえば，象限３は利用者全員がダメだと判断した企業である。こうした企業は，そもそも利用する人が少なくなり，いずれ淘汰されていく。象限４は顧客満足度が低く，評価割れが大きいゾーンである。評価が割れる企業は顧客満足度が低い。

図表５－３－３ 顧客満足度と標準偏差の関係

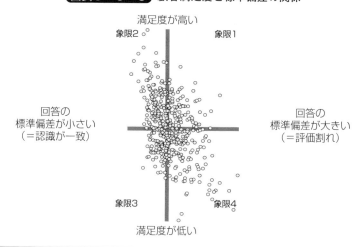

各象限の特徴	
象限１	CSが高い企業で評価割れが大きな企業は希少である
象限２	CSが高い企業は顧客の認識が一致している（標準偏差が小さい）
象限３	CSが低い企業で顧客の認識が一致している企業はほとんど存在しない ➡淘汰されていく
象限４	評価が割れる企業はCSが低い

　つまり，顧客満足度と回答のバラツキは逆相関である。サービス産業生産性協議会では，毎年こうした調査を実施しているが，左上から右下への楕円形の分布形状は例年同じである。こうした調査結果の示唆するところは，「利用者の回答のバラツキを減らすと，顧客満足度は向上する」ということである。つまり，サービスの均質化（標準化）が重要だということである。

　回答がばらつくということは，評価割れ（認識のバラツキ）を生むだけの原因がサービス現場にあるということである。顧客の評価割れを小さくするためには，次の4つに留意すべきである。

　第1に，自社のサービス・コンセプトにマッチした顧客を集客することである。または，自社のサービスのあり方を，顧客に事前に情報提供（広報）しておかなければならない。いわばマーケティング要因である。ヒトは「聞いていた話と違う」，「そもそも聞かされていない」ということを嫌う動物である。

　第2に，場所ごとのサービスのバラツキをなくすことである。店舗ごとやフロアごとにサービスレベルが違うと顧客は混乱する。「A店とB店で対応が違う」，「C店に商品はあったのに，D店は品切れしていた」などである。

　第3は，タイミングによるバラツキをなくすことである。「朝は商品があったのに，夜は品切れしていた」，「昼のレジ精算はスムーズだったのに，夕方は待たされた」などである。

　第4は，対応するヒトによるバラツキをなくすことである。「愛想のよい人

図表5−3−4 4種類のバラツキ原因

減らすべき4種類のバラツキ	
Whom	マーケティング要因：集客してはいけない顧客の呼び寄せ。セグメンテーションの誤りあるいは顧客への事前告知（広報）が不足。
Where	オペレーション要因①：店舗によってサービスレベルが違う（当たり外れがある）➡店舗間の標準化。
When	オペレーション要因②：時間帯によってサービスレベルが違う（当たり外れがある）➡時間帯ごとの標準化。
Who	オペレーション要因③：対応する従業員によってサービスレベルが違う（当たり外れがある）➡従業員の標準化。

と悪い人がいる」,「同じことを質問しても,従業員ごとに回答が異なる」など
である。

この第2〜第4は,オペレーションのバラツキが要因である。

(4) 顧客の満足度を高める理由

既存顧客の満足度を高めることが必要な理由は,自社のサービスに満足して
もらい,次回以降,競合に流出(浮気)させないためである。つまりリピー
ター化であり,未来の顧客の創造である。顧客をリピーター化する理由は,既
存顧客との関係を維持するコスト,新規獲得するコスト,再獲得するコストを
比較すると,既存顧客を維持するコスト・パフォーマンスが格段に高いためで
ある。この場合のコストとは「手間ひま(時間的コスト)」と「経費(金銭コ
スト)」である。

既存顧客を維持するコストを「1」とした場合,新規顧客を獲得するには5
〜10倍,他店へ流れた顧客を呼び戻すためには50〜100倍のコストを要すると
される(McKinsey, 2001)。選挙にたとえると,浮動票の獲得も重要であるが,
まずは前回投票してくれた有権者にもう一度投票してもらうことで"基礎票"
が計算でき,選挙戦を有利に戦える。

図表5−3−5 顧客の維持・獲得コスト
(既存の顧客を維持するコストを1とした場合)

既存の顧客を維持するコスト	1
新しい顧客を獲得するコスト	5〜10倍
他店(競合)へ流れた顧客をもう一度,来店させるコスト	50〜100倍

(5) 3つの取組みと顧客満足度の上がり方

顧客満足度の向上を目的に各種の施策を実行する際,経営者やマネジメント
層(例:店長)は,取組みを3つに大別したうえで部下に動機づけ,現場に落
とし込むと現場スタッフは理解しやすく,取組みが継続しやすい。

図表5－3－6 顧客満足への反映

①　努力すればするほど顧客満足度が上昇する取組み。	(例) 品揃えの種類の強化。スピーディな接客。
②　一定の努力をすれば顧客は満足する取組み。しかし、それ以上、もっと頑張っても顧客の満足度は変化しない。逆に努力を怠ると、一気に不満足を買う。	(例) クリンリネス、正しくつり銭を渡すこと。
③　一定の努力をしても顧客は満足しない取組み。なぜなら、競合も努力しているために、差別化要素と認識されないためである。あるレベルを突き抜けると印象に残るため、顧客は大いに満足し感動する。	(例) 心のこもった丁寧な接客。二度目の来店で、顧客を名前で呼ぶ。

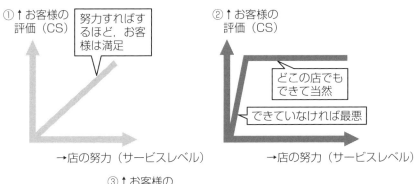

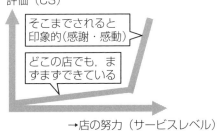

174

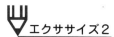
エクササイズ2

自社の商品・サービスの中で，顧客の不満足につながっていると思われるバラツキにどのようなものがあるか考察してください。

Whom	顧客ニーズのバラツキ	
Where	店舗のサービスレベルのバラツキ	
When	時間帯・季節によるバラツキ	
Who	従業員によるバラツキ	

エクササイズ3

自社の商品・サービスの中で，顧客満足に影響する努力の3つの種類にはどのようなものがあるか考察してください。

① 努力すればするほど顧客満足度が上昇する取組み。	
② 一定の努力をすれば顧客は満足する取組み。しかし，それ以上，もっと頑張っても顧客の満足度は変化しない。逆に努力を怠ると，一気に不満足を買う。	
③ 一定の努力をしても顧客は満足しない取組み。なぜなら，競合も努力しているために，差別化要素と認識されないためである。あるレベルを突き抜けると印象に残るため，顧客は大いに満足し感動する。	

4 サービス品質

要　点 ・・

☑　サービスの主要な品質は「正確性」，「迅速性」，「柔軟性」，「共感性」，「安心感」，「好印象」が挙げられる。

☑　サービスレベルを上げることと，オペレーションのバラツキを減らすことが必要である。

・・・

　小売・サービス業では，商品や料理といった「モノ」はもちろん重要であるが，「コト」であるサービスの競争力を高めなければならない。なぜなら，「コト」であるサービスは模倣困難性が高く，価格勝負を回避するうえで，重要な差別化要素になりうるからである。『顧客はサービスを買っている』（著者・諏訪良武，監修・北城恪太郎，ダイヤモンド社）によると，サービス品質を高め，高い顧客満足度を獲得するための6大要素は「正確性」，「迅速性」，「柔軟性」，「共感性」，「安心感」，「好印象」である。

図表5－4－1 サービス品質

　最終の成果が問われるのは「正確性」，「迅速性」，「柔軟性」で，途中のプロセス（姿勢や態度）が問われるのは「共感性」，「安心感」，「好印象」である。

図表５－４－２ 成果品質とプロセス品質

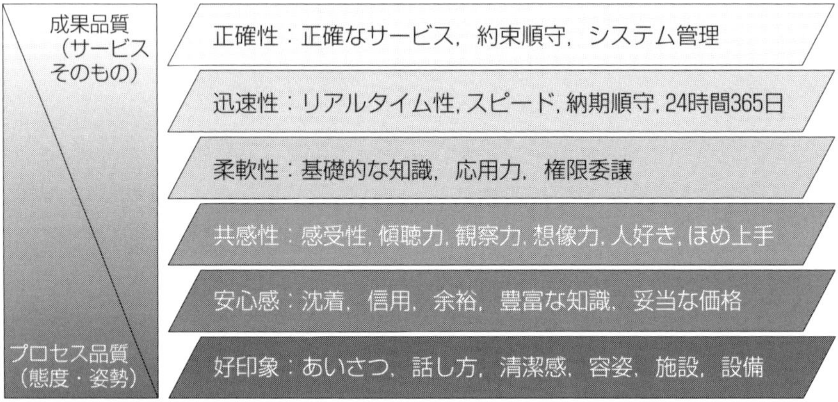

成果品質 （サービス そのもの）	正確性：正確なサービス，約束順守，システム管理
	迅速性：リアルタイム性，スピード，納期順守，24時間365日
	柔軟性：基礎的な知識，応用力，権限委譲
	共感性：感受性，傾聴力，観察力，想像力，人好き，ほめ上手
	安心感：沈着，信用，余裕，豊富な知識，妥当な価格
プロセス品質 （態度・姿勢）	好印象：あいさつ，話し方，清潔感，容姿，施設，設備

　コンサルティングでは，図表５－４－３のように，サービスの個々のプロセスを分解し，サービス品質のどれが重要であるのかを点検する。自社の店舗のオペレーションの点検はもちろん，競合との差別化要素のためにどこに注力するかを明確化させ，サービス品質の「レベルアップ（強化）」と「バラツキ抑制（標準化）」を図る。

図表５－４－３ プロセス別のサービス品質評価

サービス・プロセス	正確性	迅速性	柔軟性	共感性	安心感	好印象

例：オフィス街のランチの場合。顧客を待たさず，スピーディに食事を出すことに，何よりも価値がある						
サービス・プロセス	正確性	迅速性	柔軟性	共感性	安心感	好印象
来店時の声かけ		☆☆☆		☆☆☆	☆☆☆	☆☆☆
席に案内する	☆	☆☆☆				
メニューを渡す	☆	☆☆☆				☆
オーダーをとる	☆	☆☆☆	☆	☆☆	☆☆	☆
飲み物・食べ物を提供する	☆☆	☆☆☆	☆			☆☆
精算する	☆☆	☆☆☆				☆☆☆

エクササイズ4

　自社が提供するサービスをバリューチェーンで洗い出し，6つの要素の重要性を5段階（1〜5）で記載してください。

サービス・プロセス	正確性	迅速性	柔軟性	共感性	安心感	好印象

[5] 3種類の差別化策

要　点 ・・
- ☑ 差別化は「手軽軸」「商品軸」「密着軸」の3つに大別される
- ☑ どの軸でも平均的なレベル以上の価値を提供したうえで，1つまたは2つ
  の軸のトンガリ（差別化）が必要である
・・・

　筆者は経営学・マーケティング論の書籍を数多く読了してきたが，佐藤義典氏の著作『ドリルを売るには穴を売れ』『売れる会社のすごい仕組み』（いずれも青春出版社）は学びが多く，実践的でもあり，未読の方は，ぜひとも読んでみてほしい。

　特に書籍に記載されている「3つの差別化軸」はコンサルティングの現場でとても使い勝手のよい考え方である。手軽軸はファストフードのように，品質はそれなりだが，他より安いあるいは注文しやすいことが差別化ポイントとなる。商品軸は相応の価格が必要だが，モノやサービスの品質の高さが差別化ポイントとなる。密着軸は「いつもの」で通じるような距離感の近さ，個別対応力が差別化ポイントとなる。

図表5-5-1 3つの差別化軸

	3つの差別化軸		
	手軽軸	商品軸	密着軸
差別化のポイント	競合より「早い，安い，便利」	競合より「高くても良い品質」	競合より「密着」「親近感」「自分を知りニーズに個別対応」
顧客の利用理由選好理由	品質はそれなりだけど他社より安い（お試し・トライアル）	他社より信頼できそう（モノ・対応の品質）（品質管理・情報管理）	他社より，細かい要望に応えてくれるから。フットワークが機敏。名前で呼んでもらえる特別感。ホスピタリティ

成功要因 KFS	・低価格で提供するには「効率性」が重要 ・スケールメリットが効く大量一括生産を志向する	・創造性を高めるために自由な雰囲気の組織風土形成 ・効率の高さより，効果の大きさを重視	・顧客との信頼関係を築き，声を吸い上げることが必要 ・顧客接点である従業員は最高に優秀でなければならない
失敗要因 陥り やすい罠	【価格競争のワナ】 値下げや特売をすると一時的に売上が伸びるため，中毒のように繰り返す。すると『特売まで待とう』と思われ，定価では誰も買わなくなる	【自己満足のワナ】 「押し付け」。品質のこだわりが自己満足になると，顧客にとって無価値。こだわりと自己満足の押し売りは紙一重。迷ったら顧客目線に立ち返る	【バラツキのワナ】 密着軸は顧客の個別ニーズに応えようとするが，できる店・できない店，対応が良い人・良くない人との接客体験を繰り返すと，顧客は企業を信頼できなくなる

出典：佐藤義典『ドリルを売るには穴を売れ』をもとに一部加筆

エクササイズ5

　手軽軸・商品軸・密着軸の3つの切り口で，自社の提供サービスの強み・弱み・今後の課題を分析してください。

自社分析		強み	弱み	今後の課題
手軽軸	利便性訴求 低価格訴求			
商品軸	新技術訴求 高品質訴求			
密着軸	カスタマイズ 顧客密着			

エクササイズ6

手軽軸・商品軸・密着軸の３つの切り口で，比較対象を３社選定し，３社の特徴を整理してください。

特徴比較		A社	B社	C社
手軽軸	低価格訴求 利便性訴求			
商品軸	新技術訴求 高品質訴求			
密着軸	顧客密着 カスタマイズ			

コラム　　バラツキの少ないサービスが喜ばれる

　コンビニエンスストアの業界最大手はセブンイレブンである。セブンイレブンの良さをセミナーや研修などで聞くと,「○○がおいしい」という回答が返ってくる。実はセブンイレブンの強みは, 商品があること（品切れの少なさ）である。商品在庫が棚にあるので, 選ぶことができる。セブンイレブンは, 味の当たり外れの前段階の, モノのある／なしの当たり外れが少ない。

　誰しも交通手段として飛行機にするか新幹線にするか, 迷ったことがあると思う。価格や移動時間（速達性）も重要だが, 時間どおりの出発・到着ができるかどうかという定時性も重要である。時間の当たり外れを嫌う。

　飛行機で, 往路便はドリンクサービスがあったが, 帰路便は水も出なかったとする。この場合, 往路便の加点評価よりも, 帰路便の減点評価に意識が向きやすい。行き帰りともにドリンクサービスがなければ, そういうものだとなるが, サービスにバラツキがあると人は不満に思う。

　自社の実力を上げることも重要だが, 当たり外れの少ないパフォーマンスを発揮することも, 顧客満足度向上には不可欠である。

おわりに

　筆者が関わる顧客企業の多くは小売・サービス業である。これまで，研修講師やコンサルタントとして関わってきたさまざまな企業を通して，勝ち組と負け組の温度差を感じることが多い。

　たとえば，日本版顧客満足度指数（JCSI）で上位にランクインするような，消費者から高い評価を得ている勝ち組企業は，調査結果に基づく「賞賛」よりも，さらなる向上を図るための「課題の指摘」をコンサルタントに求める。つまり，次の一手への模索に貪欲で，現状維持を嫌う。市場の変化や競合の追上げに敏感で，異業種の研究にも熱心である。各人の当事者意識が高いため，経営陣の意思決定は早く，スタッフの実行も迅速である。そしてなにより，顧客に対する責任感が強く，対応姿勢が誠実である。スポーツ選手にたとえると，ファンのためにプレーするというサービス精神がある。練習熱心で自分に厳しく，同じ競技種目のライバル選手の研究はもちろん，異なる競技種目からも真摯に学ぼうとするトップアスリートと似ている。

　一方，競争劣位の企業は内向きで，世の中の変化よりも社内の事情を優先して考える傾向がある。外部環境要因を次の一手の思考材料として活用するのではなく，予算や前年実績の未達原因にする傾向もみられる。自尊心が高いため，コンサルタントから指摘されることを受け容れにくい。時間軸やゴール設定が不明瞭で，スピード感が乏しい。現実直視を嫌い，なにより，自社が劣位にあるという立ち位置の自覚に乏しい。

　対策を講じるためには，現実直視（ファクト・ファインディング）が必須である。現実直視は言うは易しで，必要な視座は，顧客・競合・自社といった環境を定量的，定性的に分析する比較感である。比較分析をするためには，メガネ（レンズ）として，戦略・マーケティングの分析セオリーが最適である。将来について絶対的な解を見出すことは難しいが，分析セオリーを用いて，失敗

する確率を下げることは可能である。読者の方々がさまざまな課題を達成する
ために，本書に記した手法が一助になれば幸いである。

【編者紹介】

公益財団法人 日本生産性本部　コンサルティング部

公益財団法人 日本生産性本部は，企業を中心としたあらゆる経営組織の長期的な発展を目標に，「生産性向上」を目指す経営コンサルティングを実施している。経営コンサルティング事業を開始したのは1958年。柱の1つである経営コンサルタント養成事業では，これまで7,300名以上の経営コンサルタントを世に送り出した。

コンサルティング部では，専属経営コンサルタントを約50名組織し，「全社改革」「経営戦略」「人事制度」「人材育成」「業務改善」「生産革新」等を主な領域としている。大企業から中堅・中小組織までを支援し，業界としても製造業・サービス業・金融業・自治体・医療介護・学校など多岐にわたる。

年間600件を超える診断指導・支援を実施しており，「人的資本経営」「SDGs経営」「DE&I」「健康経営」「DX推進」など，新たなテーマでの事業展開も活発に行っている。

URL: https://www.jpc-net.jp/consulting/

【著者紹介】

小倉　高宏（こくら　たかひろ）

公益財団法人 日本生産性本部 主席経営コンサルタント

1968年	大阪府生まれ
1991年	関西大学社会学部卒業
1991年	生活協同組合コープこうべ入所
2008年	関西学院大学大学院経営戦略研究科修了（経営管理修士：MBA）
2008年	日本生産性本部の経営コンサルタント養成講座を修了

スーパーマーケットや専門店，通信販売などの小売業，ホテル・旅館や航空会社，クレジットカードなどのサービス業の競争力向上を目的に，市場分析や経営指導，従業員育成を行っている。サービス産業生産性協議会（SPRING）の日本版顧客満足度指数（JCSI）に基づく3C分析を得意とする。講演や研修などの登壇機会が多く，受講者は延べ2万人を超える。「販売革新」（商業界）や「日経消費インサイト」などの業界専門誌に寄稿多数。

経営コンサルティング・ノウハウ 5
マーケティング〈改訂版〉

2014年9月20日　第1版第1刷発行
2022年7月30日　第1版第6刷発行
2024年6月1日　改訂版第1刷発行

編　者　公益財団法人日本生産性本部
　　　　コンサルティング部
著　者　小　倉　高　宏
発行者　山　本　　　継
発行所　㈱中央経済社
発売元　㈱中央経済グループ
　　　　パブリッシング
〒101-0051　東京都千代田区神田神保町1-35
電話　03(3293)3371(編集代表)
　　　03(3293)3381(営業代表)
https://www.chuokeizai.co.jp
印刷／文唱堂印刷㈱
製本／㈲井上製本所

© 2024
Printed in Japan